コミュニティメディアの新展開

community media

東日本大震災で果たした役割をめぐって

松本 恭幸

学 文 社

はじめに

2002年夏から全国各地の市民を担い手とした市民メディアを訪問して行っているフィールドワークの記録を様々な媒体に書き留め，それをもとに2009年に『市民メディアの挑戦』という本をリベルタ出版から出した。そこでは2000（ゼロ）年代にネットのソーシャルメディアのような新しいスタイルの市民メディアが普及する中，市民メディアを活用した地方自治への市民参加，ジャーナリズムへの市民参加の拡大と，市民メディア同士の相互のネットワークの形成や市民メディアの担い手の裾野拡大につながるメディア教育の広がりについて，複数の事例を挙げて紹介した。

その後，こうした市民メディアをめぐる状況に大きな影響を及ぼしたのが「3.11」，すなわち2011年３月11日に起きた東日本大震災とそれにともなう福島原発事故である。「3.11」の後，被災地では市民メディアに限らず，多くの地域メディアが被災した地域コミュニティの人たちに必要な情報を伝え，また被災地の外では従来のマスメディアだけでなく，多くの市民メディアが被災地支援に向けて様々な情報を国内外に発信した。

「3.11」で最も被害の大きかった岩手，宮城，福島の東北３県の沿岸部の被災地では，津波とその後の停電等で通信・放送インフラの相当部分が機能しなくなり，その復旧にかなりの時間を要したため，震災からしばらくの間，避難所に避難した被災者に必要な情報を伝えたメディアは，主に地元の地域メディア，市民メディアによる旧来型のアナログの紙媒体やラジオ放送だった。一方，被災地の外では，震災後の被災地に災害ボランティア等で入ったNPO／NGO関係者を始めとする一般の市民や学生が，ネットのソーシャルメディアで被災地からの情報を伝えるとともに，被災地での市民メディア活動を通して制作した映像を，衛星放送やCATV等で放送する取り組みも行われた。

本書では，いわゆる大手マスメディア以外の地域コミュニティに依拠した地域メディア（一般の市民以外にプロが担い手のものも含む），ネットでつながった機能（テーマ）型コミュニティに依拠した市民メディアの双方を合わせたコミュニティメディアについて，特に「3.11」以前の数年間の状況を中心にまず整理する。それを踏まえて「3.11」以降，東北3県の沿岸部の被災地を中心とした各地域コミュニティで情報を伝えた地域メディア，及び被災地と様々な形でつながりを持った市民が（一部，海外も含めて）被災地の内外に被災地の情報を伝えた市民メディアについて，メディアのカテゴリーごとにそれぞれが担った役割を，具体的な事例をもとに見ていく。

そして，今日も続くコミュニティメディアによる被災地の情報発信活動の抱える課題や新たな仕組みづくり等に向けた展開と，今後，大規模災害に直面する可能性のある地域で，新たな防災情報システム構築に向けて「3.11」後のコミュニティメディアの取り組みの経験を，どのように活かすことが出来るのかについて考えたい。

2015年10月

松本　恭幸

目　次

第 *1* 章

震災前のコミュニティメディアをめぐる状況

1．紙媒体からネットへ移行した市民の情報発信

最も歴史のあるコミュニティメディアとしてミニコミは，戦後，政治・社会運動の隆盛と密に結びついて，様々な機能（テーマ）型コミュニティや地域コミュニティで市民の重要な情報発信手段となった。そこでは既存のマスメディアが充分にカバー出来なかった個々のコミュニティの抱える課題について，市民の視点から情報を伝え，コミュニティ内でのコミュニケーションを活発化する役割を担ってきた。

70年代に入ると全国各地で発行されたミニコミについて，71年にそうしたミニコミを収集して保存し公開する日本ミニコミセンターが設立された。日本ミニコミセンターは資金難等で73年に閉鎖されたが，その後，76年に全国の市民運動団体の呼びかけにより住民図書館が設立され，2001年に閉館するまでの四半世紀に渡って，ミニコミの収集，保存，公開を行ってきた。それ以降，住民図書館の資料は埼三大学共生社会教育研究センターに委譲され，その後，2010年から立教大学共生社会研究センターに移管されて，こちらで一般公開されている[1)]。

ミニコミによる情報発信が大きく衰退するのは，住民図書館が閉館する前の90年代で，その背景に従来の政治・社会運動の停滞とともに，パソコン通信を経て90年代後半に普及したインターネットによる情報発信への移行がある。80年代までは主にコスト面で一般の市民が利用出来るメディアはミニコミのような紙媒体しかなかったが，ネットの登場によりミニコミの印刷費よりもサイトを立ち上げた方が安くて便利という状況が生まれた。特に2000年以降，ネットが広帯域になっただけでなく，常時接続定額制によって利用者と利用時間が大幅に増加し，それまでミニコミを発行してきた多くの個人や団体が，ネットに切り替えるようになった。またその後も継続して発行されていたミニコミも，近年ではネット普及率が決して高くない地方においてさえ，担い手の高齢化により廃刊するケースが増えている。

具体的な事例について見ると，たとえば核燃料再処理施設のある青森県六ヶ所村では，90年に核燃施設の建設・稼働に反対するため，生まれ故郷の六ヶ所村に移り住んだ菊川慶子が，同年12月に反対運動を伝えるミニコミ『うつぎ』を創刊した。核燃反対運動のチラシを新聞販売店で折り込みにしてもらえないことから，反対運動の情報を村内で共有するため，一部の投稿を除いて菊川が記事を執筆して毎月１回発行し，当初２年余りは戸別訪問して村内全戸に無料配布した。

その後，経済的に無理となって郵送による有料購読にしたところ，村内の購読者が大幅に減り，代わりに核燃施設建設の現状について知りたいという村外の購読者が多数を占めるようになった。そして核燃施設建設が進む中で反対運動が下火になったことから，98年10

月の第91号から季刊となり，2001年４月の第100号の発行を機に，反対運動を伝えるというよりも核燃施設建設が進む六ヶ所村の村民の暮らしを伝えるミニコミとして，菊川が経営する農場の名前にちなんだ『花とハーブの里通信』にリニューアルした。

『花とハーブの里通信』はその後，年２回の発行となったものの，全国の600名程の購読者からのサポートで，福島原発事故後の2013年５月まで発行された。廃刊は60代となった菊川の体力的な衰えによるもので，菊川自身，廃刊後は自らのブログ「花とハーブのおしゃべり[2)]」で六ヶ所村の情報を発信し続けている。

『うつぎ』，『花とハーブの里通信』は，かつての政治・社会運動の中でその情報を伝えるため創刊され，20年以上に渡って続いたミニコミの最たる例だが，こうしたかつて長い歴史や伝統を誇ったミニコミの内，現在も発行されているものは数少ない。

そんな中で今日，例外的に紙媒体として一定の役割を担っているものに，主に大都市で市民のボランティア活動の中間支援組織が発行するボランティア情報誌（フリーペーパー）がある。札幌市のNPO法人ボラナビ倶楽部が発行する『ボラナビ』，名古屋市のNPO法人ボラみみより情報局が発行する『ボラみみ』といった主に月刊のボランティア情報誌で，１万部以上発行され，公共施設や協力店舗に置かれて，必要な人が取っていける形で配布されている。

こうしたボランティア情報誌は，様々なボランティア活動に取り組むNPO／NGOとボランティア活動に関心のある市民をマッチングする役割を果たしており，企業からの広告や協賛，個人の寄付，行政からの各種助成が比較的獲得しやすい。また掲載される情報の多くが，NPO／NGOから特定のフォーマットに沿った形で寄せら

写真１－１　六ヶ所村で23年余り核燃反対運動のミニコミを
発行してきた「花とハーブの里」の菊川慶子氏

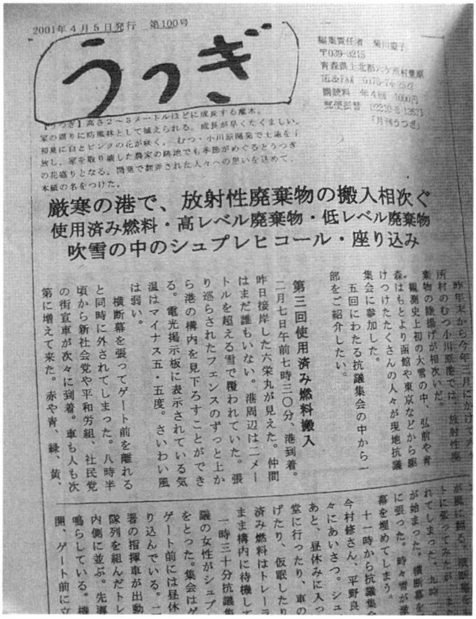

2001年４月５日発行　第100号

うつぎ

編集責任者　菊川慶子
〒039-3215
青森県上北郡六ヶ所村豊原
電＆FAX　0175-74-2522
購読料　年４回　1000円
郵便振替　02210-8-13571
「月刊うつぎ」

【うつぎ】高さ２～３メートルほどに成長する灌木。家の周りに防風林として植えられる。成長が早くたくましい。初夏に白とピンクの花が咲く。むつ・小川原開発で七部落を[illegible]し、家を取り壊した農家の跡地でも季節がめぐるとうつぎの花盛りとなる。開発で翻弄された人々への思いを込めて、本紙の名をつけた。

厳寒の港で、放射性廃棄物の搬入相次ぐ
使用済み燃料・高レベル廃棄物・低レベル廃棄物
吹雪の中のシュプレヒコール・座り込み

昨年末から今年三月にかけて六ヶ所村のむつ小川原港では、放射性廃棄物の陸揚げが相次いだ。観測史上初の大雪の中、弘前や青森はもとより函館や東京などから駆けつけたたくさんの人々が現地抗議集会に参加した。

五回にわたる抗議集会の中から一部をご紹介したい。

第三回使用済み燃料搬入

二月七日午前七時三〇分、港到着。昨日接岸した六栄丸が見えた。仲間はまだ誰もいない。港周辺は二メートルを超える雪で覆われていた。張り巡らされたフェンスのずっと上から港の構内を見下ろすことができる。電光掲示板に表示されている気温はマイナス五・五度。さいわい風は弱い。

横断幕を張ってゲート前を離れると同時に外されてしまった。八時半頃から新社会党や平和労組、社民党の街宣車が次々に到着。車も人も次第に増えて来た。赤や青、緑、黄、

幕を埋めてしまう。
十一時から抗議集会
今村修さん、平野良
々にあいさつ。シュ
あと、昼休みに入っ
堂に行ったり、車の
げたり、仮眠したり
済み燃料はトレーラ
まま構内に待機して
一時三十分抗議集
議の女性がシュプ
をとった。集会はゲ
ゲート前には昼休
り込んでいる。二
署の指揮車が出動
隊列を組んだトレ
内側に並ぶ。先導
鳴らしている。機
開、ゲート前に立

写真１－２　六ヶ所村の核燃反対運動のミニコミ『うつぎ』第100号

れ，独自取材による記事は多くないため，編集の手間やコストはさほどかからない。さらに行政やNPO／NGOの協力を得て各所に置かれて流通するため，印刷費以外，流通コストがほとんどかからないのが特徴である。

そして主な読者であるボランティア活動に関心のある市民の多くが，ネットの利用率や頻度があまり高くない定年退職した高齢者や主婦層のため，ネットと並行してこのような一覧性の高い紙媒体による情報伝達は大きな意味を持っている。

ただこうした一部の例外を除くと，近年，市民の情報発信は確実に紙媒体からネットへと移行してきた。けれども「3.11」後の津波の被害でネット環境が失われた被災地では，第2章で紹介するように，ボランティア情報誌を始め，その他の様々な紙媒体による，避難所等に避難した被災者への情報提供が行われた。またそのような情報を提供するミニコミが新たに数多く誕生したことで，大規模災害時における情報伝達手段として，伝統的な紙媒体の有効性が示された。

2．市民参加型ネットメディアの誕生

2000（ゼロ）年代に入ってネットの広帯域化と常時接続定額制が普及し始めた当初，一般の市民が独自にサイトを立ち上げて更新することは，決して容易ではなかった。そんな中，ブログやSNS等のソーシャルメディアが普及する前の過渡期の市民参加型ネットメディアとして，日本インターネット新聞社によるプロの編集者が間に介在する市民記者システムを導入したインターネット新聞「JanJan」が，2003年2月に創刊された。

日本インターネット新聞社代表取締役の竹内謙は，韓国で先行して2000年２月に「すべての市民は記者である」をモットーに創刊されたインターネット新聞「Oh my News」（韓国版）をモデルに，ネット上に公共財として市民参加型ジャーナリズムの場を立ち上げようと「JanJan」を構想した。

その後，「オーマイニュース」（日本版）を始めとする同様の市民記者によるインターネット新聞がいくつか創刊されたが，いずれも特定のスポンサーとの関係なしに独立採算のビジネスモデルを確立することが出来ず，そのほとんどが2010年頃までに本来の形でのサイト運営を終了した。[3)]

このようなインターネット新聞に代わってその後に隆盛を極めたのがブログやSNSだが，ひとつインターネット新聞「JanJan」の残した遺産として継承されているものに，全国の自治体の選挙と政治家を網羅した選挙情報サイト「選挙ドットコム」がある。[4)]この「選挙ドットコム」は，2015年７月にそれまで９年間続いた選挙情報サイト「ザ選挙」を引き継いで誕生した。

前身の「ザ選挙」は，2003年11月の第43回衆議院選挙の際に「JanJan」の選挙特集ページにアクセスが集まったことをきっかけに構想され，2005年９月の第44回衆議院選挙の後に構築がスタートし，2006年７月にオープンした。国政選挙に関しては戦後のすべての選挙の候補者データが，また地方選挙に関しては2000年以降のすべての選挙の候補者データが収録された，日本初のものだった。

「ザ選挙」は全国の政治家を網羅したアーカイブとしての性格上，絶えず情報の更新が必要であり，「JanJan」では当初，各政治家が市民記者のような形で自ら発信したい政治活動に関する情報を積極的に書き込んでもらい，編集部ではそれと連動した全国の自治体の様々な地域関連情報も掲載してアーカイブしたいと考えていた。だが結局，政治家による書き込みはほとんどなく，代わりに編集部が情報更新を行ったため，年間１億円近いコストをかけての運営となり，「JanJan」の赤字の大きな要因となった。

「JanJan」が2010年３月末で会社組織としての運営を終了した後，竹内は，金銭による譲渡ではなく無償で，ただし「ザ選挙」の「日本の選挙，そして政治を変える」という理念を引き継いで市民の公共財として運営する母体を探し，そして同年12月にかつて「ザ選挙」の立ち上げを手伝ったVoiceJapan代表取締役の高橋茂が，自らの会社で引き継ぐことになった。

そして高橋は，サイトをリニューアルして可能な部分はリンクを使って対応し，また速報性についてはマスメディアに任せることで即時更新せずに運営コストを極力圧縮し，最低限かかる年間2000万円程度のコストについては，広告費と有料会員制度（選挙に関連したメールマガジン，その他，アーカイブ利用に関するサービスが付帯）で賄い，誰でもネットを通して利用可能な選挙アーカイブとして無料公開した。

こうしたアーカイブは維持運営コストがかかるものの，過去の記録を保存し，将来，必要な時にいつでも利用出来るという点で非常に重要である。特に2013年４月の公職選挙法改正によりインターネット選挙運動が解禁されてからは，「ザ選挙」は大型選挙の際に多くの市民がアクセスして活用している。そして2015年７月，高橋が他の業務に注力するため，「ザ選挙」は同じ志を持つ高橋の友人が引き継ぎ，これまでと同様の形で「選挙ドットコム」として運営されることになった。

さて今日，ネット上での市民の情報発信の中心はブログやSNSになっているが，ただ「3.11」直後の特殊な状況下において，かつての「JanJan」や「オーマイニュース」のようなインターネット新聞がもしあれば，こうしたソーシャルメディアとは異なる重要な役割を担った可能性があった。というのも震災発生初期に様々な市民が発信してネット上に拡散していた膨大な情報を，日頃，市民記者対応をしているインターネット新聞のプロの編集者が，その経験を活かす形で検索，集約，カテゴリー分けして（また情報の確かさについて可能な範囲で確認して），個々の被災した自治体ごとにまとめて（一定の信頼感を伴う形で）提供することが出来たからである。第3章で紹介するように，被災地の自治体の中には市民が独自にネットに流れる震災情報のまとめサイトを立ち上げたケースもあったが，どの自治体でもそうしたサイトが立ち上がったわけではなかった。

あともうひとつ，震災後にマスコミが自ら取材して発信した震災関連情報をアーカイブする取り組みとは別に，震災の当事者である被災した様々な市民の証言をアーカイブし，それを公共財として将来の防災に役立てていこうとする取り組みが生まれており，それについては第7章で紹介したい。

3．コミュニティ放送への市民参加

①　90年代に開局したコミュニティFM局の状況

市町村単位で地域に密着した放送を行うコミュニティ放送は，92年に制度化され，その年の12月に北海道函館市で，最初のコミュニティFM局「FMいるか」が誕生した。そして95年の阪神淡路大震災後の96年から98年にかけて開局ラッシュを迎えた後，しばらく新規開局数は減少したものの，2006年から再度，増加に転じた。その背景として，NPOを運営母体とする局の登場と，開局に必要なノウハウが広まり，少ない資金での開局が容易になったことなどがある。

そして2009年3月から9月にかけてNHKの朝の連続テレビ小説で，コミュニティFM局を舞台にした『つばさ』が放送されたことで，（ドラマ自体の視聴率はあまり高くなかったものの）コミュニティFM局が地元にない地域の人たちにも，コミュニティFM局というものの存在が広く認知されるようになった。だが一方でこの時期，インターネット・ラジオの普及も手伝い，若い世代を中心にFMラジオ離れが加速化した。

コミュニティFM局の開局数は，2006年の18局，2007年の17局から，2008年は13局，2009年は12局，2010年は13局とまた減少している。さらに経営が破綻して放送を廃止する局も，2006年，2007年はそれぞれ1局だったのが，2008年は4局，2009年は3局，2010年は5局となっている[5)]。

コミュニティFM局が経営難に陥るひとつのパターンとして，県域のFM局のミニチュア版に近いスタイルの放送を行うことで地域色が薄まり，県域局との差別化が上手くいかず，リスナー離れを招くということがある。ごく一部の例外を除いて，地域コミュニティに密着した放送を行うことがコミュニティFM局の運営に欠かせないが，その際に放送への市民参加をどのように位置づけるのかが重要なポイントとなる。一般に市民のボランティアスタッフが中心となって放送を行っている局は，その分，地域コミュニティへの密着度が高いといえるが，必ずしも放送への市民参加がどの局でも上手く機能しているわけではない。特に90年代に誕生した局では，開局当時の市民のボランティアスタッフの世代交代の問題が生じている。

日本初のコミュニティFM局の「FMいるか」は，函館市を中心とした聴取可能エリア内に40万人近い人口を抱え，直接競合する局もなく，地元では他の道域ラジオ局を抑えて最も良く聴かれるラジオ局となっている。函館市に支店を置くナショナルスポンサーからのCMも多く，局の年間の売上げはコミュニティFM局としては破格の1億円を上回る。

コミュニティFM局としてトップクラスの規模の「FMいるか」では，経営面で市民のボランティアスタッフに頼る必要はなく，いわゆるプロでない一部の市民パーソナリティに対して，ギャラを支払う形で放送を行ってきた。ただ開局時からの市民パーソナリティによる番組も，15年程でほとんど終了し，その後は番組への市民のゲスト出演や中継車による街中でのインタビューを増やすことで対応している。また2010年4月から若い世代のラジオ離れを食い止めるため，『キャンパスデイズ！』という市内の学生が担当する番組を新たにスタートさせている。

こうしたある意味で弱小県域局に近い規模の「FMいるか」は別格としても，他の90年代に開局した比較的経営の安定している局では，開局時に大勢いた市民のボランティアスタッフが自然減少する中，新しいメンバーの募集はするものの，特に市民向けの講習会等を行って積極的に補充することはせず，残ったメンバーによる一部のレギュラー番組枠が存続しているといったケースが多い。そして若い世代をリスナーとして取り込むため，一般の市民よりも地元の学生による番組を新たに立ち上げることに，限られたマンパワーを投入するといった方法等もとられてきた。

96年7月に四国で3番目のコミュニティFM局として開局した徳島県徳島市の「B-FM」では，開局当初に200名程いた「Beans」という市民のボランティアスタッフは，ひとつの組織としてまとまっていなかったことから徐々に減少して，東日本大震災前の時点で10名程になった。ただサイトでは継続してメンバーの募集を行っており，このメンバーで『Beans Factory』という毎月のテーマに沿った曲や地域の気になる話題を紹介する番組を放送している。また局の近くにある徳島文理大学で，局のスタッフの指導を受けて誕生した放送部の学生たちが，『七色アンテナのエネサラダ』という大学情報や学生の気になる話題について紹介する番組を放送している。この他にも一般市民がパーソナリティを務める番組枠がある。

97年10月に九州で5番目のコミュニティFM局として開局した熊本県八代市の「かっぱFM」では，開局時に多数の市民のボランティアスタッフがいたものの，中途半端な形で関わる人が多かったことから数年でボランティアスタッフの制度を廃止し，市民が放送に関わる場合には，市民パーソナリティとしてプロと同様に責任を持って番組を担当するか，あるいはゲスト出演の形にした。そしてそれとは別に地域の高校生や大学生が担当する番組として，『ぼくらの放送 大・集・合‼』という学校や地域の話題を中心にトークする枠を設けた。

このように90年代に誕生したコミュニティFM局は，当時はまだ全国各地にラジオ放送の担い手となるような人材があまりいなかったこともあり，「FM いるか」，「B-FM」，「かっぱ FM」のように開局にあたって多くの市民がボランティアスタッフとして関わるケースが少なくなかった。ただ開局当初は勢いで市民による番組制作を活発に行うことが出来ても，5年，10年経つ中で（特に継続して新たな市民の参加がない限り）徐々にそのパワーがダウンしていき，それにどう対処するのかがひとつの課題となっている。

② 2000年以降に開局したコミュニティFM 局の状況

95年1月に起きた阪神淡路大震災後，災害時に必要な情報を市民に伝える地域メディアとしてコミュニティFM 局は開局ラッシュを迎えるが，それが一段落した2000年頃には，全国各地にコミュニティFM 局，あるいはコミュニティチャンネルでの放送を行うCATV 局が存在するようになり，またパーソナリティを養成する専門学校も数多く出来て，大都市圏以外の地方のコミュニティFM局でも，市民のボランティアスタッフの力を借りずに必要な人材を確保し，局を立ち上げることが容易となった。そのため比較的規模の大きい局では，その局の置かれた諸条件を踏まえ，限られた経営資源を放送への市民参加のため効果的に運用するのに際し，多様な市民のボランティアスタッフに多くの番組制作を委ねる形ではなく，特定の条件に該当する市民に絞って番組を任せ，後は各番組での市民のゲスト出演の機会を増やすという対応を選択する局も出てきた。

福島県喜多方市で2003年8月に開局した「きたかたシティFM」は，地元のイベンターが中心となって立ち上げたこともあり，ラジオ放送とライブイベントとの連動を意識し，また観光地である喜多方市に全国各地から訪れる観光客もリスナーに想定して，市の文化資源をPRする放送を行うため，ある意味で県域局と遜色のないプロの放送を目指している。そのため番組を担当したい市民にオーディションを実施し，選ばれた市民パーソナリティが放送を行っている。

また大分県中津市で2005年9月に開局した「NOAS FM」は，大分県の地方紙である大分合同新聞が中心となって立ち上げた局で，地元のNPO法人中津まちづくり協議会が提供する『ビューティフルタウンなかつ』等の一部の番組を除くと，放送への市民参加は個々の番組へゲストとして市民を招く形で対応している。

そして静岡県富士市で2005年11月に開局した「Radio-f」も，県内第3の都市にあり，聴取可能エリア内に50万人余りの人口を抱え，ある意味で県域局と競合していることもあり，パーソナリティは必ずしもプロに限らないが，番組を担当したい市民にはオーディションを行って選考し，また市民パーソナリティにもギャラを支払っている。ただ近い将来起こる可能性のある東海大地震に向けた対応として，市民が番組制作を行うラジオ講座を開催し，修了者には「防災パートナー」として，災害時に市内各地域から現場の情報を伝えるレポーターの役割を担ってもらうという取り組みも行っており，これまで数十名の修了者がいて，彼らには街中でイベント中継をする際に手伝ってもらうなどしている。他に将来のリスナーを育てることを目的に，小中学生が出演する『うわさの学校ラジオ局』のような番組を制作してきた。

ここで挙げた「きたかたシティFM」，「NOAS FM」，「Radio-f」は，いずれも年間の売上げが放送事業以外の諸事業と併せて5,000万円以上の比較的規模の大きい局だが，一方，もう少し規模の小さい年間の売上げが2,000万円程度の局では，対照的に市民のボランティアスタッフを積極的に活用することが，地域コミュニティに密着した放送を行う上で重要になっている。

北海道滝川市で2001年11月に開局した「FM G'Sky」は，中心市街地活性化法による TMO 事業[6]の一環として2000年に市内の商店街でイベント FM 局の放送が行われたことをきっかけに，その放送に関わった若い世代の市民が中心となって株主集めをして開局に漕ぎつけた。放送はGスタッフと呼ばれる組織化された200名程の市民のボランティアパーソナリティによって支えられ，そこでは総会で役員を選出し，番組代表者会議を開いている。新規に登録したメンバーを始めとしたスタッフへの講習会も，定期的に行われている。また地元の高校生や短大生による番組も放送されている。

北海道留萌市で2004年10月に開局した「エフエムもえる」は，2003年に有志が「エフエムもえるメンバーズ倶楽部（FMC）」という市民ボランティア組織を立ち上げてミニ FM 局による放送をスタートさせ，支援する個人や企業を増やしてコミュニティFM 局の開局に至った。FMC には1,000人近い市民が登録していて，年に数回，会報が発行されており，その中の100名余りが実際の放送に関わって，局の番組の多くを制作している。そして古くからいる経験者が中心となって，FMC のメンバー向けに講習会を行ってきた。

だが必ずしもこうした市民のボランティアスタッフ中心の放送がどこでも上手くいくわけではなく，たとえば北海道富良野市で2004年11月に開局した「ラジオふらの」は，「FM G'Sky」をモデルに地元の青年会議所の OB を中心に，250名余りの市民ボランティアが参加して立ち上げた。当初，「みんなでつくる，みんなのラジオ」

をコンセプトに掲げ，「フラノ・ラジオ・クラブ（FRC）」という市民のサポート組織を結成し，希望者は講習会を受けて局の社員が脇に付く形で，平日夜に誰でもパーソナリティとしてライブ放送が出来るようにした。けれども広告収入をベースにした局の経営が軌道に乗らず，経費を抑える必要から平日夜の市民番組枠を2009年３月末で終了した結果，多くの市民ボランティアが離れていき，その後は昼間の時間枠を中心に50名程の市民が放送に関わっている。

他にも北海道恵庭市で2006年３月に開局した「FMパンプキン」は，2001年に市民の有志による「えにわFMラジオ設立準備会」が誕生してミニFM局による放送がスタートした。そして５年目の2005年に「えにわコミュニティラジオ局開設準備室」が発足し，個人株主を中心に出資者を集めて開局した。市民総出演を目指して各番組では多くの市民をゲストに招くとともに，「パンプキン合衆国」という市民サポーターズクラブを中心に，地元の北海道文教大学の放送サークル等，100名以上の市民が番組制作に参加し，また新たに番組制作を希望してきた市民がOJTで学べる仕組みも用意した。けれども開局３年目の2009年７月に局舎の建物入っていた建

写真１−３　恵庭市の「FMパンプキン」の番組収録風景

物で火災が発生し，その消火活動で機材が全損して放送を休止することになった。そして会社組織を再建して，2010年１月から新たに「e-niwa」として放送を再開し，市民のボランティアスタッフによる放送をまた再構築することとなった。

「FM パンプキン」は不慮の事故によるものだが，市民のボランティアスタッフ中心の放送が上手く機能するかどうかは，ある意味で局の社員が市民のボランティアスタッフを上手くサポート出来る体制をとれるかどうかに大きく関わる。開局時の市民のボランティアスタッフが徐々に自然減少するのは多くの局で見られることで，「ラジオふらの」が最終的に FRC を解散せざるをえなかったのは，局の経営が厳しく専従社員１名の体制となり，夜の時間帯の番組枠を市民に開放するのが難しくなったことによる。

これに対して，たとえば北海道名寄市で2006年３月に開局した「Air てっし」は，資本金の規模，聴取可能エリア内人口等は「ラジオふらの」とほぼ同じだが，年間の売上げは「ラジオふらの」を上回り，４名の社員がいて，夜の時間帯の番組枠を市民に開放することが出来る。そのため開局時に100名程いた市民パーソナリティは70名程にまで自然減少しているが，番組制作の活力は維持されており，市民パーソナリティ出身者が局長を務めている。また市内に名寄市立大学があり，地元の高校生だけでなく，大学生も番組制作している点が，地元に大学がなく，高校を卒業した若者の多くが地元を出てしまう富良野市とは大きく条件の異なる点だろう。

③　コミュニティ放送の継続に向けて

市民のボランティアスタッフ中心の放送を目指した「FM G'Sky」，

「エフエムもえる」，「ラジオふらの」，「Air てっし」は，いずれも純民間のコミュニティFM局で，地元自治体のサポートも一部の番組提供やCM出稿を除くとあまりないが，地元自治体のサポートが比較的手厚い第三セクターの局では，若干事情が異なる。

福島県本宮市で2006年12月に開局した「FM Mot.com」は，2005年にもとみや青年会議所のメンバーが「ラジオふらの」を視察したことをきっかけに，当時の（市制施行前の）町長にコミュニティFM局の開局を働きかけた結果，中心市街地活性化のためイベント等の諸事業に取り組む第三セクターのMot.comもとみやを母体に立ち上げが決まった。

「FM Mot.com」はJR本宮駅近くの中心市街地の建物にスタジオを構え，そこに毎日，番組制作のため多くの市民が入れ替わりで集まっている。そして「FM Mot.com」では，こうした場での市民同士の交流が他の地域づくり活動にも波及効果をもたらすことを期待して，100名以上の市民のボランティアスタッフによる放送を支援しており，実際，地域づくりのイベントと掛け持ちで関わる市民は多い。また県内第2の人口を抱える郡山市のベッドタウンということもあり，転入・転出が比較的多く，毎年，10～20名のメンバーの入れ替わりがあることも，活力の要因となっている。コミュニティFM事業単体では赤字だが，市営駐車場の管理やイベント事業等と併せて，トータルで採算を確保している。

このように，市民のボランティアスタッフによる放送を継続して行う上で，局の経営の安定は重要だが，地元自治体からさほど手厚いサポートを受けていない純民間の小規模のコミュニティFM局にとって，売上げを確保する上で参考になりそうなのが「FM TA-

NABE」の取り組みだろう。

和歌山県田辺市で2009年9月に開局した「FM TANABE」は，2004年に10名程の有志で発起人会を設立してから，5年かけて開局に至った。開局から60名程の市民パーソナリティが，ほとんどライブで行われる放送を支えている。「FM TANABE」では，ファンクラブの会員向けに入会金，年会費無料の「Club FM TANABE カード」を発行し，このカードで様々な特典が利用出来る加盟店を募集して，その加盟店からスポット CM，及び局のサイトや局が発行するフリーペーパーとセットにして，対価を得る仕組みを導入した。こうしたラジオのリスナーと地域の店を結ぶファンクラブ会員カードのビジネスモデルは，リスナーである地域の市民とスポンサーである地域の店舗をコミュニティFM 局が結び，局の放送を核に一体となって地域を盛り上げていこうとする狙いがある。

県域の FM 局と異なりコミュニティFM 局に期待される役割は，地域に密着した放送を通して，経済，社会，文化，教育等の様々な面で地域コミュニティを活性化することである。そうした視点からもうひとつ紹介したい局が，北海道中標津町で2008年8月に開局した「FM はな」である。

中標津町はもともとコスト面から民放ラジオの中継局が設置されない難視聴地域で，かつて地元の電器店の店長が独自に中継局を設置して民放ラジオを不法に再送信したため，電波法違反で逮捕されるという事件も起きている。そうした中，NHK 以外のラジオを聴きたいという地元の人たちの声が高まり，地元の個人や企業が出資して「FM はな」を立ち上げた。地元の市民団体や高校生による番組も，一部ではあるが放送されている。中標津町には高等教育機関

写真１－４　NHK 以外の民放ラジオがほとんど
聴けない中標津町で誕生した「FM はな」

がないため，高校を卒業した若者の多くが進学のため地元を離れており，そんな中で民放ラジオ空白地に誕生した「FM はな」には，様々な地域の魅力を伝えることで，また地元に愛着を持ってＵターンする若者を増やす役割を担うことが期待されている。

以上，放送への市民参加を中心としたコミュニティFM 局の昨今の状況について，多数の事例を挙げて見てきたが，「3.11」の後，特に津波の被害を受けた沿岸部のそれまで地元にコミュニティFM局のなかった地域の多くの自治体で，被災した地元の市民が中心となって臨時災害放送局[7]が立ち上げられ，市民パーソナリティによる震災関連情報を伝える放送が行われた。そして第４章で改めて紹介するように，臨時災害放送局の立ち上げを支援したのは，他の地域のコミュニティFM局のプロのスタッフばかりでなく，たとえば宮城県南三陸町の「みなみさんりくさいがいエフエム」(FMみなさん)や岩手県大槌町の「おおつちさいがいエフエム」等では，開局に際して京都市の「京都三条ラジオカフェ」や神戸市の「FMわぃわぃ」等のコミュニティFM局で，プロではなく一般の市民として放送に関わっていた人たちが，現地入りしてラジオ放送に必要なノウハウを地元の人たちに伝える活動に取り組んだことを指摘しておきたい[8)]。

大規模災害時の復旧に市民ボランティアが大きな役割を担うように，臨時災害放送局立ち上げに際してラジオ放送のノウハウを持った市民が放送の現場に入ってサポートすることは重要で，そのためにも全国各地の多くのコミュニティFM局で，市民のボランティアスタッフによる放送が行われ，ラジオ放送のノウハウを持った市民の裾野が広がることの意味は大きい。

そして震災から時間が経ち，被災地で誕生した臨時災害放送局に求められる役割は，初期の震災関連情報を伝えることから，多くのコミュニティFM局が直面しているのと同じ課題，すなわちいかに復興に向けて地域コミュニティを活性化するのかということへと移行している。特に津波の被害を受けた沿岸部の被災自治体の多くは，地元に高等教育機関もなく，高校を卒業した若者の流出が著しい状況にある。そのため臨時災害放送局の中には，若い世代に地元の文化を始めとした地域の魅力を伝え，仮に進学のため地元を離れるにしても，また卒業後にUターンして戻ってくる若者を増やすことを目標に，放送を行っているところもある。

詳しくは第4章で紹介したい。

4．市民映像の普及と作り手の裾野拡大

①　市民映像の上映とCATVでの放送

今日，動画共有サイトの「YouTube」や「ニコニコ動画」には多くの映像が投稿されているが，これを可能にしたのは2000年以降のブロードバンド・インターネットによる常時接続環境の普及で，それ以前は市民映像祭のような場で上映するか，市民にコミュニティチャンネルの番組枠を開放しているCATV局に持ち込んで放送してもらうしか，映像を不特定多数の人たちに公開する手段がなかった。また90年代まではノンリニア編集可能なソフトや機材が高価なこともあり，一般の市民が簡単に映像を制作することが出来なかった。そうした中，市民映像の普及に大きな役割を果たしたのが，VHSを開発した日本ビクター（JVC）が79年から始めた東京ビデオフェスティバル（TVF）である[9]。

TVFは市民映像の発表の場を提供したが，それだけでなく80年代から90年代前半にかけてTVFの所管だったJVCビデオ事業部のビデオインフォメーションセンター（VIC）というショールーム運営と並行してビデオ機器の扱い方について講習会を行う部署では，市民ビデオの普及のためローカル局と手を組み，市民のビデオリポーターが撮影した地域の様々な映像を，ローカルニュースのコーナーで放送するための組織として，ビデオリポータークラブを全国各地に立ち上げた。

このビデオリポータークラブからは多くの市民の映像の作り手が育ったが，その一人に現在，札幌市でNPO法人みてねっと北海道の理事長を務める初貝信征がいる。初貝は83年に，VICと札幌テ

レビ放送（STV）が提携して立ち上げたSTVビデオリポータークラブの講習会で映像制作を学び，その後はクラブのメンバーとして様々な地域話題を映像取材して投稿してきた。そして同じ活動をしている仲間とともに，地域の市民のボランティア活動を映像で紹介して支援する組織を立ち上げようと考え，2003年にみてねっと北海道を設立した。みてねっと北海道では，札幌市の主要なNPO／NGOのPRビデオをDVDにまとめた『NPO図鑑』の制作や，個々のボランティア団体からの依頼による映像制作を行ってきた。

なお，TVFのような国内外から作品が集まる規模の市民映像祭では，選考を経たごく一部の作品のみが上映されるが，それに対してすべての作品に上映の機会を提供する形でスタートしたのが，カフェ放送の試みである。大阪市の大阪府立女性総合センター（ドーンセンター，現大阪府立男女共同参画・青少年センター）で91年に開催されたウーマンズスクール主催のビデオ制作講座に参加した下之坊修子は，その時に知り合った仲間と93年にビデオ工房AKAMEを設立し，そこで映像の自主制作やNPO／NGOからの受託制作を行ってきた。そして2001年に訪れたフランスのパリで，市民が自主制作した映像作品が市内のカフェで上映され，それを観ながら店を訪れた客と制作者が語り合う姿を目にして，日本でも同様に市民映像の上映とそれを観に集まった者同士の交流の場をつくろうと考え，2003年に街中のカフェで自主上映する「カフェ放送てれれ」をスタートさせた。

「カフェ放送てれれ」では，市民制作者から無償で依託された映像作品を，会場となる協力店に持って行き，そこで上映会を開催する。店からは上映料が支払われる。多くの自主上映会と異なり，店の客には通常の飲食やサービスにかかる以外の料金は発生せず，客の方ではスクリーンの映像を観ても観ないで他の客との会話に熱中してもかまわない。原則として上映する作品を選ばず，持ち込まれた作品は上映時間等の問題がない限り，すべて上映される。こんな単純な仕組みのカフェ上映会が2013年に終了するまでの10年間，関西を中心に名古屋や東京でも開催され，500本以上の市民の映像作品がそこで上映された。

この「カフェ放送てれれ」の作品は，一時期，大阪市のCATV局でも放送されたが，一部のCATV局では90年代から地域に密着した放送を目指して市民にコミュニティチャンネルの番組枠を開放しており，そして市民映像の普及にともない，近年ではそうした局が増えてきた。

長野県上田市とその周辺を放送エリアとするCATV局の上田ケーブルビジョン（UCV）では，91年から市民向けビデオ講座を開催し，その参加者からメンバーを募って93年にUCVサポータークラブを立ち上げた。そして市民に貸し出すビデオカメラと市民が利用可能なリニア編集機を局内に用意し，夏祭り等の大きなイベントの収録や中継をUCVサポータークラブのメンバーに手伝ってもらうことで，市民の映像制作者を育てた。その結果，98年には年間80本余りの市民映像が，コミュニティチャンネルで放送されるようになった。そんな中でパブリックアクセスチャンネル[10]の構想が生まれ，2001年に日本で鳥取県米子市とその周辺を放送エリアとするCATV局の中海テレビ放送[11]に次いで，おそらく２番目となるパブリックアクセスチャンネル「UCV２」が誕生した。この「UCV２」にはUCVサポータークラブに所属していない市民も自らの制作した映像を持ち込むことが出来る。その後，「UCV 2」では，毎年500本以上の市民映像が放送されるようになった。

その後，チャンネルまるごとではないが，新潟県上越市とその周辺を放送エリアとする上越ケーブルビジョン（JCV）が，2004年から地元の市民制作者グループの「くびき野みんなのテレビ局」に，また愛知県刈谷市を中心とした西三河地方を放送エリアとするキャッチネットワークが，2005年から地元の市民制作者グループが設立したNPO法人チャンネルDaichiに，それぞれ運営を委ねる形でパブリックアクセス番組枠をスタートさせた。

そして，こうした各地のCATV局のパブリックアクセスに向けた取り組みを参考に，（子会社である第三セクターのこまどりケーブルを含めると）奈良県全域と大阪府の一部を放送エリアとする近鉄ケーブルネットワーク（KCN）は，2008年に本社のある奈良県生駒市を中心としたエリアで，パブリックアクセスチャンネル「タウンチャンネルいこま」を立ち上げた。

この「タウンチャンネルいこま」では，地元のビデオクラブに呼びかけて誕生した市民制作者グループの「いこま市民放送局」のメンバーが中心となって制作した10分程の番組を，毎月10数本リピート放送する他，誰もが自分の映像を自由に持ち込める『市民投稿みんなのビデオ』のようなパブリックアクセス番組枠もある。「タウンチャンネルいこま」の放送がスタートすると，放送されない地域からも番組の持ち込みや視聴を希望する声がKCNに多く届き，そのため2011年からは「市民制作番組タウンチャンネル」としてKCNの放送エリアすべてで放送するようになった。なおKCN系列のこまどりケーブルでは，第三セクターとして各自治体にコミュニティチャンネルがあるが，そのひとつの奈良県宇陀市のコミュニティチャンネルでは，地元のNPO法人メディアネット宇陀が「タウンチャンネル」とは別に，2005年から市の依託で様々な地域の話題を取材した番組を放送している。

また「タウンチャンネルいこま」では2010年の1年間，奈良県平群町のNPO法人うぶすな企画が静止画による紙芝居形式のアニメ時代劇『大和の風』（全24話）を放送し，大きな話題となった。

うぶすな企画理事長の長田朱美は，平群町の町内誌のボランティア記者を務めた後，独立して2002年に月刊のタウン誌（フリーペーパー）『うぶすな』を創刊し，奈良県生駒郡とその周辺地域で地元のNPO／NGOから寄稿された記事や写真を編集して誌面をつくり，新聞折り込み等で配布してきた。また同年から2008年まで奈良県王寺町のコミュニティFM局「FMハイホー」で，『うぶすな』に寄稿した市民をゲストに招いてトーク番組を放送したり，地元の有志と和蝋燭の芯を作る地域の伝統技術「灯芯引き」をテーマにした映画『あかりの里』を2006年に完成させて，それを全国各地で自主上映したりといった様々な地域を盛り上げる市民メディア活動に取り組んできた。この長田を中心に多くの市民ボランティアが集まって戦国時代に大和の国で活躍した武将，筒井純慶と嶋左近を主人公にしたラジオドラマ『嶋左近―大和の風』（全52話）が制作され，2008年から2009年にかけて全52話が「FMハイホー」で放送された。その後にKCNで放送されたアニメ時代劇『大和の風』は，このラジオドラマをアニメ化したものである。

パブリックアクセスチャンネルの誕生は，うぶすな企画のような地元で市民メディア活動をしてきた団体に，映像メディアによる新たな活動の可能性を提供し，市民の映像の作り手の裾野を拡大した。

②　多様な市民の放送への参加形態

これまで見てきたパブリックアクセスチャンネルや市民映像の番組枠は，いわゆる都市型CATV局が放送への市民参加を通して地域密着を図るため新たに導入したものである。だがこうした市民映像の放送の歴史とはまた別に，かつて半世紀近く前に各地で普及した有線放送電話から，近年，施設の老朽化等でCATVに置き換わった地域では，もともと有線放送電話の音声告知放送を活用して，ある意味でコミュニティFMのように市民参加の自主放送が行われていたところも少なくなかった。そうした市民放送の歴史を引き継いだCATV局では，地域での加入率が高く，開局時からコミュニティチャンネルで，市民が出演，あるいは投稿する番組が比較的多く放送されている。

島根県の雲南市，飯南町を放送エリアとする「雲南夢ネット」は，雲南市・飯南町事務組合ケーブルテレビ事業部が運営する公営のCATV局で，放送エリアの一部ではかつての有線放送電話の一斉放送を引き継いだ音声告知放送の機能が残っている。この「雲南夢ネット」のコミュニティチャンネルでは，地域づくり活動の取り組むNPO／NGOや地域で働く職業人を紹介する番組を数多く放送するだけでなく，『月刊ビデオタイムス』のような視聴者から投稿された映像を紹介する番組がある。この中で特にレギュラーで毎月投稿する常連には，局から市民サポーターの委嘱状を出しており，「雲南夢ネット」では2004年，2005年の自治体合併で放送エリアが広域となり，大規模災害時に局のスタッフだけでは充分にカバー出来ない各地域の細かい情報を伝える役割も，こうした市民サポーターに期待している。

同じ島根県の出雲市の一部（2005年に合併した旧平田市だった地域）を放送エリアとする「雲州わがとこテレビ」も，コミュニティチャンネルに様々な市民の活動を紹介する番組がある他，地域の小学校にビデオカメラ等の機材の貸し出しと撮影講習を行い，小学生が企画して撮影した映像を局のスタッフがサポートして編集し，その番組をスタジオで小学生がアナウンサーやミキサーを担当して放送する『キッズスタジオ』という番組を放送している。また市民からの投稿映像は，「雲州わがとこニュース」の中の『ビデオ便り』のコーナーで紹介している。そして有線放送電話時代から市民に親しまれている音声告知放送の機能を，災害時に緊急地震速報や津波等の情報を流すだけでなく，平時には地区別に地域コミュニティのニュースをラジオのように速報で流す形で活用している。

ちなみにCATV局のコミュニティチャンネルでは，コミュニティFM局同様，市町村単位で地域に密着した放送を行っているが，異なるのは多くの番組がライブ放送ではなく，録画したものをリピート放送している点である。そうした中で音声告知放送の機能を持つ局では，それを活用してコミュニティチャンネルの番組と連動して，地域に密着した音声番組による情報提供をライブで行うことが出来る。だが映像の編集を考えなければ，CATV局でもコミュニティFM局同様の放送を行うことが可能である。

長野県御代田町の西軽井沢ケーブルテレビは，石川伸一取締役社長と2名のスタッフで運営している，地上波，BS，コミュニティチャンネルのみの多チャンネルやインターネットに対応していない

写真1－5　御代田町の西軽井沢ケーブルテレビで石川伸一社長と中学生キャスターが放送する『御代田 TODAY』の打ち合わせ風景

日本で最も小さなCATV局だが，放送エリア内の8割以上の世帯が加入している。そのコミュニティチャンネルでは，議会中継や撮影した地域のニュース映像を編集せずにノーカットで放送しており，開局から30年余りの間に新住民を除くほとんどすべての町民が放送の中で登場している。月曜日を除く週6日の夜の時間帯に放送される『御代田 TODAY』では，小・中・高校生が曜日ごとに交代で局のスタッフと一緒にキャスターを務めている。番組の終了時間は特に決まっておらず，事前に予定していた内容をすべて放送した時点で終了となる。

コミュニティFM局以上に少ないスタッフで物理的に可能な放送のスタイルとして，こうしたラジオ，あるいはネットのライブストリーミングのような放送を行っているが，そんな市民メディア的なルーズさが，地域コミュニティの中で西軽井沢ケーブルテレビの大きな魅力として支持されている。

③　ネットに広がった市民の映像制作

これまで市民映像の普及とCATVでの市民による番組制作について具体的な事例を見てきたが，2005年に動画共有サイトのYouTubeがアメリカでサービスを開始し，2007年に日本独自の動画共有サイトのニコニコ動画が誕生する中，最近ではCATVでの市民映像の配信が頭打ちとなる状況も生じている。上田ケーブルビジョン（UCV）でも市民の映像制作者は，新たに若いメンバーがなかなか加わらないため高齢化してパワーの低下が心配されている。

すなわちデジカメや携帯電話のビデオ機能を使って手軽に映像が撮れるようになり，それをほぼ素材のまま動画共有サイトに投稿出来るようになると，新たに映像制作を始める人の多くは，時間と手間をかけてCATVの番組向けに編集して地域の人たちに見せることに関心を持たなくなった。市民の映像制作の中心が，かつてのビデオクラブのメンバーのような一部のコアなヘビー制作者から，映像制作も関心のひとつに過ぎないライト制作者へと拡散していることが指摘されよう。

たとえば栃木県栃木市でITやメディアを活用して高齢者の自立支援に取り組んでいるNPO法人栃木県シニアセンターでは，2005年に地元のCATV局の栃木ケーブルテレビと協働で，市民による地域情報発信事業として，地域のイベントやユニークな活動をしている人を紹介する『いきいき情報ステーション』という番組を，毎月2回制作してコミュニティチャンネルで放送したが，CATV向けに尺の長い番組を制作することは敷居が高く，新たな作り手が育たなかったこともあり，息切れして2009年に終了した。

代わりに栃木県シニアセンターでは2008年から市民が（CATV 向けの番組よりも尺が短く敷居の低い）地域 CM 制作を通して地域を再発見し，またその過程で企画力，取材力，編集力を身に付け，地域づくりのリーダーとなることを目指して「住民ディレクター養成講座」をスタートした。そして制作可能な地域 CM をネット配信と併せて上映して作り手同士が交流出来る映像祭に注目し，総務省関東総合通信局，関東 ICT 推進 NPO 連絡協議会が主催する「わがまち CM コンテスト」への応募を目標に講習会を開催している。

このように市民の映像制作の舞台は，その中心が CATV からネットへと移行しているが，その裾野自体は広がっており，このことが「3.11」後の被災地の姿と，その後の復興の様子を映像で記録するのに大きな意味を持った。というのも津波の被害を被った沿岸部の被災地（岩手県釜石市，宮城県気仙沼市）の CATV 局では，局のインフラが損壊，流出したため復旧に時間がかかり，長期に渡って放送出来ない状態が続く中，局のスタッフは震災後の被災地を映像で記録し続けたが，ただ多くの沿岸部の被災地にはもともと CATV 局がなく，そこで映像による記録を残したのは一般の市民である。そして今，その貴重な映像を震災アーカイブの形で後世に残そうとする取り組みが行われている。

また市民が記録した被災地の映像が作品として編集され，国内，海外各地での上映会を通して，被災地の姿を多くの人に伝えたケースもある。

詳しくは，第 5 章で紹介したい。

注）

1）http://www.rikkyo.ac.jp/research/laboratory/RCCCS/

2）http://rokkasho.hanatoherb.jp/

3）今日　こうしたかつてのインターネット新聞に近い形の市民メディアとして，ほぼ活動休止状態ではあるが存続しているものに，長野県松本市在住の三沢健直が代表兼編集長を務める「レアリゼ」（http://www.realiser.org/）がある。「レアリゼ」には国内外に散らばる様々な専門分野を持つ市民ライターが，これまで多くの記事を投稿しており，福島原発事故の直後には福島県在住の市民ライターからの記事も掲載された。

4）http://go2senkyo.com/

5）この内，2010年末に放送を終了した「天神エフエム」は，経営難による廃局ではなく，同年，同じ福岡市に本社のある県域の外国語FM局の「Love FM」が経営難となり，「天神エフエム」の主要株主である西鉄がその事業を引き受けることになった際，マスメディア集中排除原則に抵触するため，「天神エフエム」の放送免許を返上してコミュニティFM局としての放送を廃止し，代わりに同じ法人が「Love FM」の事業を継承した。

6）街づくりのマネージメントを行う民間組織としてのTMO（Town Management Organization）のもと，様々な街の運営に関わる主体間の調整を行い，トータルに街づくりをプロデュースする事業である。

7）臨時災害放送局は，大規模災害が発生した際，被災した地域に災害に関連した様々な情報を伝える目的で開設されるもので，迅速に対応するため，地方自治体の首長からの口頭による申請で認可され，免許主体は自治体となる。阪神・淡路大震災や新潟県中越地震，新潟県中越沖地震の時も，こうした臨時災害放送局による放送が行われている。被災地で地元にコミュニティFM局がある自治体では，そこに委託する形で臨時災害放送局を立ち上げることで，出力をアップしての放送を行うことが可能になる。

8）たとえば「FMみなさん」の開局に際して放送のサポートで現地入りした宗田勝也は，「京都三条ラジオカフェ」で『難民ナウ！』という番組を制作している一市民で，また「おおつちさいがいエフエム」の開局に際して応援スタッフとなった清水章代は，「FMわぃわぃ」の元市民パーソナリティである。

9）日本ビクター（JVC）主催による東京ビデオフェスティバルは2009年の第31回で終了し，その後はNPO法人市民がつくるTVFが引き継いで，規模を縮小する形で開催している。

10）一般の市民が社会の不特定多数の人たちに伝えたいメッセージを，自ら番組にして放送するためのチャンネルで，市民によるパブリックな言論空間を放送メディアの中で実現する仕組みとして，アメリカでは70年代に誕生した。

11）中海テレビ放送では，アメリカのCATV局のパブリックアクセスチャンネルをモデルに，92年に局が原則として編集権を行使せず，市民から持ち込まれた映像をそのまま放送するパブリックアクセスチャンネルを設けた。

第2章

被災地で発行された紙媒体

1．被災地の地域紙の取り組み

①　震災直後の発行と避難所への配布

東日本大震災前の東北3県の沿岸部の主要な地域紙として，岩手県釜石市を拠点にその北部の宮古市，山田町，大槌町をサービスエリアとする『岩手東海新聞』，岩手県大船渡市を拠点に周辺の陸前高田市，住田町の気仙地域をサービスエリアとする『東海新報』，宮城県気仙沼市をサービスエリアとする『三陸新報』，宮城県南三陸町をサービスエリアとする『南三陸新聞』，宮城県石巻市を拠点に周辺の東松島市，女川町をサービスエリアとする『石巻日日新聞』，福島県いわき市をサービスエリアとする『いわき民報』があった。他に地方紙の河北新報社の子会社の三陸河北新報社が，石巻市，東松島市，女川町等で『石巻かほく』を，大船渡市，陸前高田市，気仙沼市，南三陸町等で『リアスの風』を発行していた。だが津波による社屋の被災で，『岩手東海新聞』と『南三陸新聞』は休刊（実質廃刊）する。

震災後も休刊せずに発行を続けた地域紙について見ていくと，大船渡市の『東海新報』は，半世紀以上前の創刊2年目の60年にチリ地震の津波で被災したことから，その後，新社屋を建てる際に高台に移転したため，今回の津波の被害を免れた。また震災で停電になったが，前年に自家発電装置を導入していたため，当時，社内にいた半数程の社員で手分けして，Ａ３片面のカラーコピーの号外を2,000部発行することが出来，翌12日，市内の各避難所に届けた。13日からは輪転機での印刷に戻ったが，新聞紙の在庫が１週間分しかなかったため，発行の継続を考えて紙面を８面から４面に減らし，また新聞販売店の多くが被災して配達網が失われたため，配達することが出来ず，被災した地域の人たちに震災関連情報を伝えるため無料で配布することにして，当初５日間は社員が避難所に届けた。

その後，津波の被害を受けていない地域の人から何台かスクーターを借り，避難所に避難していた販売店の人に渡して，徐々に配達網を復活させていった。ガソリンは漁協に依頼して港のタンクに残っていたものを分けてもらい，また市役所に交渉して社の車を緊急災害支援車両として登録して給油可能にした。

市役所では震災後，職員の広報対応が出来なくなったため，全国各地から取材で訪れたマスコミに，地元の新聞社である東海新報社を紹介した。そのため震災翌日から他のマスコミが取材に来るようになり，東海新報社ではより多くの被災者への情報提供のため，他社の取材に丁重に対応するとともに，記者は自らの紙面づくりのため大船渡市，陸前高田市の避難所等に取材に出かけた。

最初に手がけたのは，安否確認のため各避難所に避難している人の名前をすべて掲載することで，記者が避難所を回って手書きで書かれた避難者名簿をデジカメで撮り，それを社内に持ち帰ってテキストにした。津波が起きた時間が昼間で，職場や学校等で被災して家族ばらばらに避難したケースも多く，これによって多くの被災者が身内の安否を確認することが出来た。避難所は記者が被災者から自らの安否に関するメモを渡されることが多く，そのため紙面の一部に掲示板のような「伝言メモ」コーナーを設け，預かったメモの情報をそのまま掲載した。震災から数日経つと，亡くなった人の遺体も多く発見されるようになったが，身元不明の遺体については身体情報だけでなく遺留品情報も全て掲載して，身内が確認出来るようにした。

『東海新報』は４月から有料に戻したが，発行部数はかつての１万7,500部（サービスエリア内世帯数２万4,000）から半減して9,000部となった（被災者が仮設住宅に住むようになった2012年には，１万4,000部まで回復）。そしてこの頃には記事の内容も安否情報から生活関連情報へとシフトしていく中，震災から１カ月後の特集で，社員が大船渡市39カ所，陸前高田市54カ所すべての避難所を回り，避難所ごとに必要な支援物資を調査してリストを掲載した。これはウエブでも配信されたため，リストを見た多くの支援者から必要な物資が直ぐに宅配便で届き，非常に効果的だった。

気仙沼市の『三陸新報』も，津波による社屋の被害は免れたものの，震災当日は停電で新聞制作が出来ず，記者の取材やラジオの放送で情報収集に努めた。翌12日，車のバッテリーから電源を確保し，パソコンとプリンタでＡ４片面の気仙沼市の被害状況を伝える号外を昼までに300部制作し，社員が市内の各避難所に届けた。翌13日も同様の方法で制作して避難所に届けたが，車のガソリンが切れて，号外のプリントや車での取材が出来なくなった。そのため14日は発行されなかったものの，その日の内に三陸新報社のある地域の停電

写真２－１　津波で被災した気仙沼市の南気仙沼駅周辺

写真２－２　釜石市の１次避難場所だった石応禅寺にも
津波が到達したことを示す石碑

が解消されたため，翌15日にそれまで記者が手分けして集めた安否情報等を掲載したＡ３両面の紙面を印刷機で3,000部印刷し，避難所に届けた。こちらも号外の形での無料配布は３月末まで続き，紙面の内容も震災１週間後くらいから，徐々にライフラインや生活関連情報中心へと移行していった。

『三陸新報』も４月から輪転機による通常のブランケット判による週６日発行に戻って有料化したが，紙面は以前の８面から４面でスタートした。発行部数はかつての２万2,000部（サービスエリア内世帯数２万5,500）から１万5,000部まで落ち込んだ（被災者が仮設住宅に住むようになった2012年には，２万部まで回復)。また震災後に市外に避難した購読者に郵送する手間を省くため，同額の購読料でデジタル版を立ち上げたが，こちらの購読数は100前後にとどまっている。

『三陸新報』では４月以降，震災の記録を残すべく，震災時に様々な状況下に置かれた市民，そして現場に取材に行った（自らも親族や親しい友人を亡くしたり，津波で家を流されたりした被災者でもある）記者の声や写真を，数多く紙面で紹介した。これは後に『3.11東日本大震災巨震激流』という本にまとめられた。

このように『東海新報』や『三陸新報』は，電源を確保して震災翌日からコピーで制作した号外を避難所に届け，また避難所をまわって被災者が最も必要とする安否情報を集めて掲載した。また石巻市の『石巻日日新聞』では，震災の翌日から数日間，新聞のロール紙にマジックペンを使って手書きで記事を書いて制作した壁新聞を避難所に張り出した。かなりの避難所が停電でテレビやネットも充分に利用出来ない中，震災から初期の段階でこうした新聞は，ラジオとともに多くの被災者にとって貴重な情報源となった。

②　被災で廃刊した地域紙の社員による新たな創刊

『東海新報』や『三陸新報』は社屋が津波の被害を免れたことで，震災翌日から号外の形で新聞を発行することが出来たが，津波で社屋が被害を受け，輪転機等が水没して新聞の発行が出来なくなった釜石市の『岩手東海新聞』では，2011年３月末に社員全員が解雇された。この元社員の一部が中心となって，震災から３カ月後の６月11日に『復興釜石新聞』を創刊した。

『岩手東海新聞』の元編集局報道部課長だった川向修一が，釜石市から緊急雇用創出事業の一環で市の広報誌を兼ねた新聞の発行を打診されたのが４月半ばである。当時，釜石市では，臨時災害放送局の「かまいしさいがいエフエム」を立ち上げていたが，それとは別に被災者が手に取って必要な震災関連情報の確認が出来る紙媒体の発行は急務だった。川向は当初，『岩手東海新聞』の元経営者を説得して『岩手東海新聞』の復刊を目指したが，借金して新たに設備投資することの同意が得られなかった。そのため元社員７名，１軒だけ残った販売店のスタッフ３名を含む11名で合同会社釜石新聞社を立ち上げ，川向が編集人となって新たに創刊することになった。オフィスは川向の親族宅に構え，退職金でパソコンや編集ソフト等の設備を整えた。印刷は岩手県盛岡市の盛岡タイムス社に委託した。

新たに創刊された『復興釜石新聞』は，毎週水曜日と土曜日の週２回発行のブランケット判で，４面の紙面の内，１面分が市の広報誌として「復旧・復興・防災関連情報」を掲載し，残りの３面分が取材記事と広告となっている。発行部数２万部で，各地区の行政連絡員，民生委員，児童委員，町内会等の手を経て，市内全戸に無料配布されてきた。

だが緊急雇用創出事業による委託が2014年９月で終了することになり，１カ月の準備期間を経て，11月から有料（月額900円）で発行されることになった。もともと『復興釜石新聞』では助成が終了した時のことを考え，緊急雇用創出事業で収益が発生した場合には返還することになっているにもかかわらず，あえてこれまで広告をとって，その収入をまるごと返還してきた[1)]。そして無料配布の終了にともない，広告収入と併せて採算ラインとなる4,000部を上回る有料購読希望者が集まったため，有料化して独立採算で継続することになった。

近年，新聞離れが急速に進み，他の地域で一度，休刊，あるいは廃刊になった地域紙が，復刊に成功した事例は，有料の紙媒体の新聞としてはほとんどない[2)]。またこれまで被災地では，隣の大槌町で『岩手東海新聞』が休刊になった後に，『復興釜石新聞』と同様の無料の全戸配布の新聞として誕生した『大槌みらい新聞』が，2012年９月に創刊されたものの，諸事情により１年経たずに2013年７月で廃刊になったケースもある[3)]。

そうした中，ネットが使えない高齢者が数多く生活する釜石市で，市民に必要な情報を伝える地域紙として，『復興釜石新聞』には，ぜひ成功事例になって欲しい。

③　原発事故後の放射能問題を伝える地域紙

もうひとつ地域紙の取り組みの事例として紹介したいのが，2002年５月にいわき市の『いわき民報』を同僚の記者とともに退社した安竜昌弘が，編集人として2003年３月に創刊した地域紙『日々の新聞』（月２回刊）である。全12面のタブロイド判で，いわき市を中心に全国の750名余りの購読者に郵送で届けられている。

『いわき民報』で取材記者，デスク，報道部長と報道畑を歩んできた安竜は，「ある時期から紙面の編集方針が商業主義化し，地域にとって本当に重要なニュースを伝えるよりも，ニュース価値が決して高くない小さな催しを当事者の名前を出して紹介する記事を数多く掲載し，それによって購読者を獲得することに力を入れるようになり，本来の地域ジャーナリズムの仕事がやれなくなった」こと，報道の現場から小名浜支局長に配転となった際に営業や経理の仕事に携わったことが，独立する大きなきっかけとなった。そして「地域で生まれ，そこで暮らす人々の日常を定点観測し，その中で重要なニュースを，地域のしがらみにとらわれずにきちっと伝える新聞を発行する」ことを目指して，『日々の新聞』が誕生した。『日々の新聞』では創刊時からオンブズマン制度を導入し，オンブズマンを務める市民が，毎号の紙面の内容について検証するコーナーを設けており，編集権の及ばない領域となっている。

震災発生後，しばらく印刷所で印刷出来ない状態となったため，安竜は福島原発事故対応の最前線基地となったいわき市で，市役所や総合病院等を訪れて取材した記事を「いわき日和[4)]」というブログで紹介するとともに，多くの雑誌媒体からの執筆依頼にも対応して，いわき市の状況を伝えた。４月に入って『日々の新聞』が発行出来るようになると，多くの新聞が行政の発表中心に報道する中，安竜は紙面で，原発事故後の放射能問題がどれだけ危険なものなのかを独自に取材して正確に伝えるとともに，また津波に遭ったいわき市の60キロに及ぶ海岸線を辿り，そこでの被害の様子と被災者の声を伝えた。

特に放射能問題については，いわき市内に限らず市外の専門家に取材し，またいわき市小名浜にあるNPO法人いわき放射能測定室たらちねのような放射能問題に取り組む地元の市民グループと，密にコンタクトをとってひたすら一次情報の収集を心がけた。「原発事故後の放射能問題に対する対応として，市民の安全を優先する考え方と，市民の財産を守ることを含めて経済面を優先する考え方と大きく分かれたが，『日々の新聞』は前者の立場で風評被害は二の次という考え方で，行政とは一定の距離を保ち，子供を持つお母さん達を始めとする市民の立場に立った報道に努めた」（安竜）という。

原発事故後にいわき市を離れて，今もなお戻らずに関東，関西，九州等に避難している市民も多く，『日々の新聞』ではそうしたいわき市からの自主避難者に，「ひなん通信」というコーナーで近況や外から見たいわき市について自由に書いてもらうコーナーを設けた。

『日々の新聞』は大手商業メディアとは一線を画し，市民の目線で市民の声を伝えるある意味でオルタナティブメディアともいうべき存在の地域紙だが，後で見ていくように原発事故後の福島県の被災地では，こうした立ち位置のミニコミがいくつも生まれている。

2．自治体の広報誌が果たした役割

東日本大震災直後の被災地で，最も被災した市民が情報を必要とした時に活躍した地元のメディアは，通信インフラが機能している地域で即座に立ち上がったネット系のものを除くと，ほとんどが震災前から存在しているものだった。特に津波で甚大な被害を受けた沿岸部の被災地では，臨時災害放送局や新たに創刊されたミニコミの多くは，早くて震災から１週間以上経ってから誕生している。

津波による社屋の被害を免れて停電だけで済んだ『東海新報』や『三陸新報』は，翌日から避難所で号外を配布したが，こうした地域紙がない沿岸部の被災地の一部で大きな役割を果たしたのが，自治体の広報誌である。

宮城県多賀城市では震災当日と翌12日，総務部の職員は庁舎に一時避難してきた市民の対応に追われ，いつつながるかわからない携帯電話の充電を希望する市民に，非常用自家発電装置を使って夜中までかけて充電するサービスを行うとともに，当座の食料を渡して市内の避難所に向かわせる作業に追われた。３日目の13日にはこうした作業も一段落し，総務部の地域コミュニティ課広報広聴係の職員を中心に，災害対策本部に集まって来る多賀城市の震災関連情報を，広く市の内外に伝える作業に取り組んだ。

この時点で通信インフラは復旧しておらず，市役所から市のサイトを更新することが出来なかったが，たまたま隣接する仙台市に住むウエブ担当の職員宅に電気も来ていてネット環境も利用出来たため，緊急処置として毎日１回，この職員宅に市役所から車で震災関連情報の更新作業に出向いた。ネットで発信する情報は，通常の決済ルートでは迅速な対応が出来ないため，副市長が一括して決済した。震災直後は更新する情報が膨大で，日々の更新作業は夜中までかかり，この状態が市役所のネット環境が復旧する17日まで続いた。

またマスコミの報道を通して多賀城市の震災関連情報を全国に伝え，必要な支援を求めるために，職員が13日にNHK 仙台放送局をアポなしで訪問し，多賀城市の情報発信を依頼したところ，翌日からしばらくの間，NHK のスタッフが市内の避難所となった文化センターに常駐し，多賀城市の情報を全国ニュースで伝えた。そしてほぼ同時期に他のマスコミからの取材依頼や問い合わせも多数届くようになった。

このように震災３日目からネットやマスコミを通した多賀城市からの情報発信はスタートしたが，この時点ではまだ市内の多くの地域で停電が続き，ほとんどの市民はネットにアクセスすることが出来ず，紙媒体での情報伝達が急務だった。そのため地域コミュニティ課では，震災当日から外に出かけた職員が市内各所の被災状況を記録した写真と，市役所で集約したライフライン関連の復旧の見通しを始めとする市民が知りたい情報を合わせて，市の広報誌『広報多賀城』の号外の形で発行しようとした。

自家発電で庁舎内のコピー機が利用出来たため，号外の第１号を8,000部コピーし，震災から７日目の17日に配布可能な地域で配布するとともに，津波で浸水した地域から逃れた被災者がいる避難所では，掲示板に拡大コピーして張り出した。もともと広報誌は，印刷業者から市内47の町内会の会長宅に届けられ，それを班長が各世帯に届けているが，号外は，市の職員と手伝いに来た市会議員で会長宅や避難所へ届けた。会長や班長が他所へ避難して配布出来なくなった町内会も多く，そこでは給水所等に置いて可能な限り多くの人の目に留まるようにした。

号外の第２号は23日に発行されたが，その頃には停電も回復して庁舎の印刷機も自由に使えるようになり，１万6,000部印刷した。そして新聞販売店を回って交渉し，折り込みで配布してもらうとともに，新聞購読者以外にも届けるため，営業を再開したスーパーや保育所等の人の集まるところに置いてもらった。号外の第３号は30

日に発行され，この時は通常の印刷業者による印刷と町内会での配布に戻った。町内会長や班長が配布出来ない地域では，ボランティアやシルバー人材センターへの委託によるポスティングを行った。号外の発行は震災から３カ月後の６月まで続き，７月から通常の広報誌のスタイルに復帰したが，その後も被災者への生活支援情報の提供に努めている。

震災直後は情報が流動的だったため，号外の記事については，いつの時点のものかわかるように記載した。またより速報性のある媒体として，広報誌の号外とは別に毎日行われる災害対策本部会議での確認や決定事項を，「災害対策本部からのお知らせ」というペーパーにまとめ，これを各避難所に食料を届ける際に持って行って張り出した。また各町内会への配布はマンパワーの関係で出来なかったが，個別に市役所まで受け取りに来た町内会長には手渡した。

ちなみに震災直後に多くの市民が最も必要とした情報は，ライフライン関連とともに身内の安否情報で，これに対して市では各避難所に避難した人の名前を張り出すとともに，それを写真に撮って，速報性を重視してそのまま画像ファイルで市のサイトにアップした。また市役所を訪れる人が確認出来るよう，名簿にまとめて庁舎の１階に置き，訪れた人が自由に閲覧出来るようにした。さらに安否を確認した市民同士が相互に連絡出来るよう，掲示板となるパネルにメモを書いて貼れるようにした。避難所に避難した被災者の内，そこを離れて別の場所に移る人も多くいたが，ただ一時的にせよ避難した記録が残れば，身内が安否確認することが可能になる。

このように，多賀城市では震災後，市民が必要な情報にアクセス出来るよう努めたが，震災直後にネット環境が使えなくなったことから，2011年度の補正予算で衛星携帯電話を購入し，緊急時に電話，ＦＡＸ，そしてネットに接続してサイトの更新が可能な環境を整え，またいつでも広報誌の号外の発行が出来るよう常に用紙の在庫を確保するようにした。そして今回の震災での市役所から市民への情報伝達の経験とその反省点を踏まえ，将来，職員が入れ替わっても大規模災害時により迅速に必要な対応が取れるようマニュアル化して，受け継いでいこうとしている。

3．中間支援組織によるミニコミ

①　中間支援組織による被災者，支援者への情報発信

東日本大震災後に被災地では多くのミニコミが被災者に様々な情報を伝えてきたが，その中でも自治体が中間支援組織に委託して発行や運用を行っている情報誌や情報サイトは，被災地で震災復興に関わるNPO／NGOによる市民活動関連の情報を，そうした活動に携わる関係者の声と合わせて市民に伝えるという点で，重要な役割を担った。

宮城県では仙台市の中間支援組織のNPO法人杜の伝言板ゆるるが，震災前から市民活動情報誌『杜の伝言板ゆるる』（月刊）の発行，及び指定管理者となっている県内のNPO活動推進拠点施設「みやぎNPOプラザ」の管理とともに，その専門サービス機能のひとつである「みやぎNPO情報ネット」の運用を行っている。

震災後，『杜の伝言板ゆるる』は予定していた4月号の記事を差し替えて震災特集を組み，被災地で支援活動に入っているNPO／NGO関係者の現場からの声を紹介するとともに，全国の人にその取組みを知ってもらうため，1万部余り発行している紙媒体とは別

にネットでもPDFの形でサイトにアップした。こうした中間支援組織は，個々のNPO／NGOから得た情報が集約されるため，そこで発行される情報誌は，被災地で活動しようとするボランティアの人たちにとって貴重な情報源となる。

なお宮城県では杜の伝言板ゆるるのような県全体を活動エリアとする中間支援組織が，震災復興に関わるNPO／NGOの活動を情報誌で紹介しているが，岩手県では県全体を活動エリアとする中間支援組織ではなく，個々の地域で活動する中間支援組織がそうした役割を担った。

大船渡市を拠点に周辺の陸前高田市，住田町の気仙地域を活動エリアとするNPO法人夢ネット大船渡では，震災前から特定公益信託いわてNPO基金の助成を受けて，市民活動情報誌『みらい』（月刊）を毎月1,000部程発行し，公共の場所に置いて関心のある人が入手出来るようにするとともに，地元の企業に市民活動について理解してもらうため事業所等に送付していた。だが震災で夢ネット大船渡の主要なメンバー全員が身内や友人を亡くしたり，自宅が被災したりする中，『みらい』は休刊することになる。けれどもその後，NPO法人ジャパン・プラットフォームの助成を受け，新たに被災者支援情報誌として2011年8月から毎月発行されることになり，地域内の全仮設住宅に配布された。

またそれに先駆けて2011年4月に，被災地支援（情報発信支援）に取り組むNPO法人愛知ネットから，気仙地域で震災復興に取り組むNPO／NGOの情報発信を支援する組織立ち上げの提案を受け，夢ネット大船渡を中心とした気仙地域の7つのNPO／NGOと愛知ネットによる気仙市民復興連絡会が誕生した。そしてこちらで気仙地域の震災復興に向けたNPO／NGOの活動を伝える『復興ニュース』を発行し，仮設住宅，公共施設や一部の店舗等で配布した。震災後に発行を再開した『みらい』が被災者の心のケアを目的とした記事中心の編集であるのに対し，『復興ニュース』は様々な市民活動を伝えることに重点を置いている。気仙市民復興連絡会は，当初予定していた1年間の活動を終えて2012年4月に解散となったが，『復興ニュース』の発行は夢ネット大船渡が単独で引き継ぎ，震災初期の週2回発行から月2回発行へと頻度は減ったが，現在もなお発行は続いている。

釜石市を拠点に隣接する大槌町を活動エリアとする中間支援組織のNPO法人@リアスNPOサポートセンターでは，震災前に地域ポータルサイト「釜石まるごと情報WEBかだって」を運営し，様々な地元の情報を地域の内外に発信するとともに，釜石市内に2つの市民の事務所兼交流スペースをオープンして地域づくり活動に取り組んでいた。ところが震災で2つの事務所兼交流スペースは全壊した。代表理事の鹿野順一は県内の被災地同士がつながって復興を目指す仕組みをつくろうと考え，夢ネット大船渡等の県内の主要な中間支援組織と連絡を取り，2011年4月にいわて復興連携センターを立ち上げて代表に就任した。そして被災地の住民が主体的に復興に向けた事業を行うことの出来る環境づくりと支援に，連携する各中間支援組織の持つ情報やノウハウを活かして取り組んでいる。

この@リアスNPOサポートセンターがもうひとつ取り組んだのが，被災者が必要とする情報を伝えるメディアを立ち上げることで，2011年6月に岩手県沿岸広域振興局に紙媒体による被災者への情報伝達の必要性について訴えた結果，緊急雇用創出事業（地域コミュニティ再生事業）として情報誌の発行を委託され，同年9月に釜石・大槌復興情報誌『キックオフ』を創刊した。『キックオフ』は2011年度が月2回，2012年度が月1回の頻度で発行され，釜石市では『復興釜石新聞』の協力を得て，大槌町では行政連絡員に依頼してそれぞれ全戸配布した。他に3,000部余りを，多くの団体を通して地域の外へ避難した人たちの元へ届けた。また2012年2月には，紙媒体と連動して釜石・大槌地域情報サイト「キックオフ」[5)]がオープンした。

@リアスNPOサポートセンターが委託された地域コミュニティ再生事業のスタッフは，情報誌『キックオフ』の取材・編集担当が2名，ウエブサイト「キックオフ」の制作担当が2名，そして仮設住宅を回っての様々な復興支援イベント担当が2名の計6名である。そして復興支援イベント担当のスタッフが仮設住宅を回る中で得た情報をもとに，情報誌担当のスタッフが取材して記事にし，そこに掲載しきれないものについては，ウエブ担当のスタッフがネットで配信する形で役割分担して，新たにオープンする店舗情報，復興支援に取り組むNPO／NGOの活動紹介といった記事を掲載した。

県の事業は2012年度で終了し，情報誌の発行とサイトの更新は2013年3月でいったん終了したが，その後，民間の助成金を得て情報誌『キックオフ』は，同年7月から翌2014年3月までの期間，再度，月刊で発行された。部数は1,800部に減少したが，こちらは主に地域外の避難者に向けて，震災後，どのように地元が変わったのかを伝え，そうした地域外の避難者と地元との絆を維持することに重点を置いて発行した。

② ミニコミを通したNPO／NGOの情報共有

岩手県沿岸広域振興局が管轄する釜石市，大槌町より北部の地域（宮古市，山田町，岩泉町，田野畑村）で，こうした復興情報誌の発行を委託されたのが，宮古市の水産加工食品業の合同会社サネバネ本舗である。サネバネ本舗の社員の近藤和也は，震災後，臨時災害放送局の「みやこさいがいエフエム」にボランティアスタッフとして参加しており，その中で放送エリア外の人たちにも震災関連情報を伝える必要を感じ，ネットが利用出来ない人でも読める紙媒体での情報発信を考えた。そして@リアスNPOサポートセンターの鹿野同様，近藤も2011年６月に岩手県沿岸広域振興局に企画を持ち込み，そして宮古市とその周辺地域では復興情報誌の委託が可能な中間支援組織がないことから，11月に緊急雇用創出事業（震災復興ミニコミ誌発行事業）として委託を受け，12月に地域コミュニティの復興に向けた情報誌『こころ通信』（月刊）を創刊した。

『こころ通信』は編集長の近藤と５名のスタッフで，宮古市とその周辺の山田町，岩泉町，田野畑村の仮設住宅で暮らす被災者を主な対象に，新たなコミュニティ形成に向けた話題について取材して記事にした。「微妙な問題については記事にするのではなく，社会福祉協議会に伝えてその解決を図った」（近藤）という。毎月の発行日の後，スタッフ総出で３日程かけて対象となる４市町村の約4,000世帯の仮設住宅に配布した。また仮設住宅に配布する以外にも，岩手県内の他の自治体に送って，そちらに避難している宮古市とその周辺地域からの避難者に読んでもらうとともに，地元では他に駅，銀行，病院等の人が集まるところに置いて，仮設住宅居住者以外の人たちも入手出来るようにした。また全国の人に宮古市とその周辺の被災地状況を伝えるため，サイトにPDFの形でアップした。

県の事業は2012年度で終了し，『こころ通信』の発行も2013年３月でいったん終了したが，近藤はその少し前の２月に被災地での情報収集・発信を核に復興支援を目指すNPO法人三陸情報局を立ち上げた。そしてこちらで県の「復興支援の担い手の運営力強化実践事業（復興活動支援枠）」の助成金を得て，2013年９月から2014年９月までの期間，再度，隔月で『こころ通信』を発行した。現在，『こころ通信』の発行は終了しているが，宮古市とその周辺自治体のように地元のNPO／NGOの中間支援組織や連絡協議会のようなものが存在しない地域で，『こころ通信』が発行されたことで，被災者への情報提供だけでなく，個々のNPO／NGOが他の様々な復興支援の取り組みについて情報を共有し，横のつながりを深めることにもつながった。

４．震災初期に情報を伝えたミニコミ

①　地元市民が編集したミニコミ

これまで東日本大震災の初期に各被災地で地元の震災関連情報を伝えた紙媒体として，もともとその地域で発行されていた地域紙，自治体の広報誌，ネットに移行せずに紙媒体として残っていた中間支援組織の情報誌等を紹介した。それ以外では，第１章で見たようにかつて全国各地に存在したミニコミの多くが，即時性や流通面の問題からネットに移行しており，震災で大きな被害を受けた東北３県の沿岸部で，震災前に紙媒体の形で残っていたものは多くなかった。だがその中で震災初期に大きな役割を果たしたものに，宮城県気仙沼市の『ふれあい交差点』がある。

すでに紹介したように気仙沼市では地域紙の『三陸新報』が，震災翌日にパソコンで制作した号外を避難所で配布したが，もうひとつの『河北新報』の気仙沼地域版『リアスの風』を発行する三陸河北新報社と親会社の河北新報社は，気仙沼市に支社，総局はあるもののそこで印刷していないこともあり，震災直後の情報伝達で遅れをとった。だが３月18日に配達が全面的に再開した際，販売店の藤田新聞店では，地元の震災関連情報を伝えるミニコミ『ふれあい交差点』（Ｂ４判両面印刷）を5,000部発行し，新聞折り込みで配達するとともに，販売店のエリア以外でも避難所等で配布した。

『ふれあい交差点』は，震災前から藤田新聞店が新聞の紙面では

写真２-３　震災後の３月18日に気仙沼市で発行された『ふれあい交差点』災害特別号第１号

充分にカバー出来ない地元の細かい情報を独自に取材して伝えるミニコミとして発行しており，それを震災後は震災関連情報の伝達に特化して発行した。震災後，避難所に避難した被災者は比較的地元の情報が届きやすかったが，自宅にとどまった被災者は逆に地元の情報が届きにくく，そうした中で『ふれあい交差点』はすべての被災者が震災関連情報を共有するメディアとして機能した。

『ふれあい交差点』は，震災後の創刊号から4月8日発行の22号までは毎日，7月13日の101号までは『リアスの風』の出る土曜日を除く週6日発行され，それ以降は被災者に伝えなければならない情報が減少したこともあり，週3日の発行となった。用紙やインクは『ふれあい交差点』のことを知った各地の支援者から送られて来たため，切らすことはなかった。震災当初は，被災者同士が不要な物を必要とする人に譲る等の情報が掲載された「伝言板」や，依頼されて掲載した「安否情報」のコーナーが重宝された。

気仙沼市を始めとする東北3県の沿岸部の被災地の多くは，高齢者人口の比率が全国平均よりも高く，ネットの普及率が低いこともあり，震災初期に被災者に地元の震災関連情報を伝えるのに，こうした紙媒体での配布が最も有効だった。そのため避難所内で新たに創刊されたミニコミもいくつか存在する。

岩手県山田町では震災から2カ月近く経った5月1日，避難所に避難している被災者を対象にしたミニコミ『くじら山ろく』が創刊された。編集長の竹内幸司は，津波で自宅が全壊して陸中海岸青少年の家避難所に避難し，そこで町の臨時職員として被災者の世話をしていた4月半ばに，国際協力NGO「CARE」の日本事務局である公益財団法人ケア・インターナショナル・ジャパンのスタッフの訪問に対応した際，「CARE」の支援活動の一環として各避難所の被災者に必要な情報を提供するミニコミの発行について相談を受けた。山田町を拠点に様々な支援活動を展開していたCAREのスタッフのもとには，様々な震災関連情報が入って来るため，後はそれを地元の人間の視点でチェックして編集する編集長がいれば，そうした情報を被災者で共有するミニコミを発行することが出来た。そして相談を受けた竹内は，他に編集長の候補が見あたらなかったことから，自ら引き受けることにした。『くじら山ろく』という名前は，地元にある鯨山という山が多くの山田町民にとって馴染みのある山なので，それにちなんでつけられた。

『くじら山ろく』は避難所が閉鎖されて被災者が仮設住宅に移る7月末までの間，月3回，第9号まで発行された。当初，パソコンもプリンタもない状態でスタートし，たまたま避難所が教育施設で原稿用紙は入手出来たため，それを使って手書きと切り貼りで制作したところ評判が良く，パソコンが使えるようになってからも手書きの制作を続けた。記事は被災した店舗の再開のニュースや，避難所内での出来事等，被災者の日常生活に関わるものを中心に掲載された。

避難所の閉鎖にともない『くじら山ろく』は休刊したが，その後2011年9月に竹内が今度は県の臨時職員として被災者の相談員となったことで，再度，「CARE」から仮設住宅で暮らす被災者に配布するミニコミの編集長の依頼をされ，同月にミニコミ『希望』（月刊）が創刊された。『希望』は2012年12月に終了するまでの間，毎月2,000部余り発行され，「CARE」のスタッフが1日かけて仮設住宅全戸に配布した。記事の内容は，仮設住宅に移った被災者が新たに育む地域コミュニティに関する話題が中心となった。

② 原発事故の避難者への情報伝達

山田町では，復興支援に外から入ったNGOが，地元の人の協力を得てミニコミを発行したが，地元のNPOが新たに発行したミニコミとして，福島県南相馬市のNPO法人はらまちクラブによる『めぐりあい』がある。はらまちクラブでは，震災前は様々なスポーツクラブ活動や南相馬市ふるさと元気応援団活動を行っていたが，震災後の福島原発事故で一時，マスコミや市の広報から市民が避難等の選択をするのに必要な情報がほとんど入らなくなったため，理事長の江本節子は自ら地元の震災関連情報を伝えるとともに震災復興を目指す情報誌『めぐりあい』を，４月22日に創刊した。

『めぐりあい』では，「めぐりあいこどもニュース」のコーナーを設け，市内の小中学校の協力を得て，各学校の様子を載せた記事を

写真２－４　2012年４月に警戒区域が解除になるまで分断されていた南相馬市小高区

掲載し，生徒に配布して読んでもらうようにした。また原発事故で全国各地に避難した人たちのところを訪問して記事にする「めぐりあい訪問」のコーナーを設け，南相馬市に残った市民と全国に散らばった市民を相互に結ぶことに取り組んだ。

各地の避難している市民のもとに『めぐりあい』を届けるとともに，そうした市民から情報を伝えてもらう仕組みとして，特派員制度がある。江本は全国各地の自分の知り合いに声をかけ，メールで届く『めぐりあい』のPDFファイルをプリントして，周辺に住む南相馬市からの避難者や南相馬市の復興を応援する人たちに配布する特派員の依頼をした。また特派員となった人から，随時，紙面で伝える記事や写真を募集した。また江本自身と特派員は，原則として自分の電話番号を誌面で公開し，近くに住む避難者からの電話にいつでも応対出来るようにしている。

南相馬市のような原発事故の被災地にとって，地元に残った人と地元を離れて避難した人のつながりを維持することが，今後の復興にとって必須であり，その意味でこの『めぐりあい』の取り組みは非常に重要である。

他にもうひとつ，同じ福島県で原発事故により役場機能を郡山市に移転させた富岡町で，社会福祉協議会が新たに発行したミニコミについて紹介したい。

震災にともなう原発事故で，市の半分が福島第一原発から半径10キロ圏内にあった富岡町は，震災翌日の３月12日に隣接する同じ双葉郡の川内村へ役場機能ごと移り，富岡町・川内村災害対策本部を共同設置した。だが15日には川内村も全域が屋内待避指示区域に指定されたため，翌16日，富岡町と川内村では郡山市の多目的ホールであるビッグパレットふくしまへの避難を決定した。

そして震災から１カ月後の４月11日に，福島県からビッグパレットふくしま避難所県庁運営支援チームの責任者として天野和彦が派遣されて来た時，東日本大震災の避難所として最大規模のビッグパレットふくしまでは，富岡町と川内村の２つの異なる自治体からの避難者を抱え，運営する側の組織が上手く機能しておらず，被災した人たちの生活ニーズに充分に応えられていなかった。そのため天野は富岡町と川内村の社会福祉協議会に呼びかけて，避難所で暮らす人たちが希望を持って生活出来るよう，ビッグパレットふくしま生活支援ボランティアセンター（おだがいさまセンター）を立ち上げることにした。この「おだがいさまセンター」の活動を避難所の人たちに紹介する情報誌として『みでやっぺ！』が，オープン当日の５月１日に創刊された。

『みでやっぺ！』は避難所が閉鎖される８月末まで富岡町，川内村双方の社会福祉協議会のもとで発行され，その後，９月初めに川内村社会福祉協議会が川内村の避難者が住む仮設住宅団地内に出来た高齢者サポート拠点に移転したため，「おだがいさまセンター」の運営と『みでやっぺ！』の発行は，富岡町社会福祉協議会が単独で行うことになった。

当初，『みでやっぺ！』は週刊で発行されていたが，2012年６月に富岡町で広報誌『広報とみおか』を始めとした町の印刷物を全国の避難世帯に郵送する体制が整い，『みでやっぺ！』も郡山市内だけでなく各地に避難した町民に読んでもらうべくそれに同封することになり，発送のタイミングに合わせて月２回の発行となった。そして2014年７月に第100号に達したのを機に，第101号から『笑～

る』と名前を変えてリニューアルし，社会福祉協議会で発行している情報紙としての特徴をより出し，民生委員や生活支援相談員をその仕事内容と合わせて写真付きで紹介している。

5．震災復興に向けたミニコミ

①　記者ボランティアが取材・編集するミニコミ

震災初期の多くの自宅を失った被災者が避難所で生活していた時期に，震災関連情報を伝えるために発行されたミニコミは，その後，当初の役割を終えて終了したものと，新たに復興に向けてその役割を変えていったものがある。震災から数カ月経って被災者が仮設住宅に移ってから発行されたミニコミは，（原発事故で先の見通しが立たない福島県の被災地を除くと）震災復興が大きなテーマとなる。

ピースボート災害ボランティアセンターは，国際交流 NGO のピースボートが阪神・淡路大震災以降，世界各地で行ってきた災害

写真 2-5　石巻市のピースボートセンターいしのまきに貼られていた復興に取り組む人たちの写真

支援活動の経験を踏まえ，東日本大震災をきっかけに2011年４月に設立した団体で，その宮城県石巻市での拠点が，様々なボランティア団体が交流するソーシャルコミュニティスペースとしても機能している「ピースボートセンターいしのまき」である。ここが東京の事務局で獲得した助成金や寄付金をもとに，いくつかの震災復興プロジェクトを運営しているが，その内のひとつが2011年９月末に創刊された仮設住宅で暮らす人々を対象にした『仮設きずな新聞』である。

創刊当時は避難所にいた被災者が仮設住宅に移ったばかりの時で，「ピースボートセンターいしのまき」では仮設住宅での生活に必要な情報を提供するとともに，全国各地から集まったボランティアが戸別に手渡しで配ることで，孤独死等の問題が生じるのを防ぐ見守り活動を行った。単なる見回りだと必ずしも訪問者は歓迎されるとは限らないが，『仮設きずな新聞』を届けることで住民との間に自然な会話が生まれ，また隣近所の人には話しづらい話題でも，他所から来たボランティアには気軽に話が出来るということも多々あった。

『仮設きずな新聞』は，2012年３月末までの半年間，週刊で発行され，石巻市内の5,000世帯余りの仮設住宅に戸別配布されるとともに，一部の店舗等にも置かれた。2012年４月からはマンパワーの問題もあり，隔週発行に移行した。そして１年後の2013年３月末に，いったん体制を整えるため休刊することになる。

この休刊に先立って行われたアンケート調査で，仮設住宅で暮らす多くの住民が経済的な理由等で新聞を購読しておらず，ネットにアクセスして情報収集することが出来ないため，『仮設きずな新聞』

が復興に向けた石巻市の様々な動向について知る貴重な手段になっており，発行の継続を望んでいることや，新聞を配布するボランティアとの交流を楽しみにしている人もいることなどがわかった。『仮設きずな新聞』では，初期の頃は行政からの情報を整理して紹介する記事が中心だったが，その後，徐々に記者ボランティアが新聞の配布や「ピースボートセンターいしのまき」が企画する仮設住宅の集会所でのお茶会等を通して把握した住民のニーズをもとに，独自取材した記事を多く載せるようになっており，それが好評だった。

『仮設きずな新聞』の大きな特徴として，地元の人間ではなく，石巻市の外から来た人間が制作している点である。2012年７月から編集長を務める岩元暁子によると，これまでの記者ボランティアの約半数が学生で，「出来るだけ１カ月以上滞在してもらい，最初の１，２週間は新聞の配布やお茶会を手伝いながら石巻市の状況について知った後，編集会議で台割と担当を決め，個々の記者ボランティアに取材先のアドバイスやコーディネートをして，取材に送り出す」という。そして個々の記者ボランティアがそれぞれの個性を活かして面白い記事を書き，それを編集して紙面が構成される。

「ピースボートセンターいしのまき」ではアンケートの結果を踏まえ，記者ボランティアによる制作を継承しつつ，新たに①仮設住宅暮らしに役立つ情報（復興，地域，生活，健康，街）を発信する新聞，②ココロが元気になれる新聞の２つのコンセプトを掲げ，石巻市内で街づくり活動に取り組む第三セクターの街づくりまんぼう，一般社団法人震災こころのケア・ネットワークみやぎが石巻市で立ち上げた「からころステーション」といった街づくりや心のケアの専門家が編集に参加する新しい体制のもとで，2013年６月に復刊した。「今後の石巻市の復興とその中で仮設住宅の住民が自らの暮らしを考える上で，より専門性の高い記事が求められるようになると考えられる」（岩元）からである。

新たに加わった街づくり会社の街づくりまんぼうは，石巻市の観光スポットである石ノ森萬画館の運営母体で，震災前まで石ノ森萬画館を中核施設として石巻市の中心市街地を活性化するための様々な事業を行ってきた。そして震災後の2011年５月，中心市街地の住民を中心に大学の専門家や商工会議所のメンバーや街づくりまんぼうの関係者が集まり，中心市街地の復興について考える「まちなか復興会議」がスタートし，そこから行政に対して住民主体の中心市街地の復興を働きかける組織として，同年12月に「コンパクトシティいしのまき・街なか創生協議会」が設立され，街づくりまんぼうが事務局を務めることとなった。

そして街づくりまんぼうでは，中心市街地の復興に向けた協議会の活動について多くの人に伝えるため，2012年１月に『いしのまきまちなかだより』を創刊して第４号まで発行したが，第５号からは『仮設きずな新聞』の中の「石巻まちなか情報局」のコーナーに合体させ，そこで伝えるようにした。またこのコーナーでは，街づくりまんぼうが運営している同名のサイト[6)]に集まる様々な中心市街地の店舗やイベント等の話題についても，編集して紹介している。

このように新体制で『仮設きずな新聞』は再スタートしたが，震災から４年目に入って石巻市の復興に関わるため全国各地から集まるボランティアの数は激減しており，そうした中で記者ボランティアという形での被災地とのかかわり方を提案し，継続して新しい人を受け入れていくことは，彼らが取材を通して石巻市のファンとなり，その体験を持ち帰って伝えていくという点で，非常に重要な役割を担っている。被災地の復興にとって，震災をきっかけにボランティアで全国各地から訪れた人たちとの絆を，将来に向けてどのように活用していくのかは大きなポイントであり，その意味で『仮設きずな新聞』の記者ボランティアの取り組みに注目していきたい。

② 復興と仮設で暮らす被災者の心のケアを目指して

『仮設きずな新聞』が最初に発行されたのとほぼ同時期の2011年10月，震災の津波で最も大きな被害を受けた地域のひとつである宮城県名取市の閖上地区で，震災復興情報誌として『閖上復興だより』が創刊された。

『閖上復興だより』編集長の格井直光は，震災で被災して入った避難所を出てみなし仮設住宅に移ってから行政の情報がほとんど入らなくなり，そうした中で閖上地区が内陸移転でなく現地再建にな

写真2-6 『閖上復興だより』が入居する閖上まちカフェ

るという話を伝え聞いて，閖上地区の街づくりを考える住民集会「どうする閖上」に参加した。そこでかつて福岡県西方沖地震の被災地の福岡市玄界島の住民が，『玄界島復興だより』という復興の進捗を伝える情報誌を発行していたことを知り，閖上地区でも同様の情報誌の発行を構想し，有志に声をかけて実行委員会を組織した。

『閖上復興だより』では「～もう一度 心を一つに～」をサブタイトルに掲げ，題字の写真に被災した閖上地区の日和山の神社の鳥居が流木で再建されたものを復興の象徴として使用している。

創刊号では，震災半年後の9月に行われた閖上いも煮会に集まった人たちの声を取材して，特集記事を組んだ。『閖上復興だより』の発行をサポートしているのが，名取市で復興支援に取り組んでいるNPO法人ロシナンテスで，創刊号は編集に携わる実行委員会のスタッフが見よう見まねでレイアウトしたが，第2号からはロシナンテスの紹介でプロのデザイナーがレイアウトするタブロイド判4面となった。一時は1万部発行してボランティアが閖上地区とその周辺地域にポスティングしていたが，現在はマンパワーがなくなり，8,000部発行して，仮設住宅へのポスティング以外は，名簿をもとに個人，及びまとめて希望者に配布してくれるところに郵送し，また名取市内や仙台市内の広告スポンサーの店舗に置いてもらうなどしている。

『閖上復興だより』は当初，編集長の格井が中心となって記事を書いていたが，徐々に複数のメンバーが取材して異なる視点からの記事を書いて掲載するようになった。編集方針としては，行政からの情報についてはなるべくそのままわかりやすく伝えるようにし，後は地元の様々な人を取材し，その声を伝えるように努めている。

名取市では震災後，津波で多くの人が亡くなった閖上地区の町区と呼ばれる中心市街地では，再建方針をめぐって行政と住民との間で議論がなされる中，陸区と呼ばれるその周辺地域では，同様の被害を受けたにもかかわらず，行政から後回しにされて説明なしにほっておかれる状況が２年余り続き，そうした中，『閖上復興だより』では2013年に入ってから陸区を手分けして回って取材し，復興から取り残された多くの住民の声を丹念に拾って紹介した。

編集長の格井は，「閖上地区の嵩上げの完了，あるいは災害公営住宅の整備完了までをひとつの復興の目処と考え，それまで発行を続けていきたい」と語る。

また名取市では他にも2011年度，2012年度に国際交流協会ともだちin名取と仙台傾聴の会による名取交流センター協議会が，宮城県の「新しい公共の場づくりのためのモデル事業」に採用された「新しい公共による名取交流センター運営事業」を行った際，その活動の一環として『名取交流センター新聞』が発行された。これは中間支援組織のNPO法人せんだい・みやぎNPOセンターにボランティアに来ていた人がともだちin名取の活動に参加した際，仮設住宅で暮らすネットよりも紙媒体に親しんでいる比較的高齢の住民が，自ら編集会議で意見交換して新聞を制作することで，そのプロセスを通して相互理解を深め，また同じ仮設住宅のコミュニティの人たちと様々な問題を共有する仕組みづくりを提案したことがきっかけとなった。そして提案者がかつて所属していた全石油ゼネラル石油労働組合から，DTPソフトと印刷費の提供を受け，また機関誌づくりをしている労組のスタッフが名取に来て制作に必要な講習を行った。

県の助成が決まって2012年１月にスタートした名取交流センター協議会では，当初，仮設住宅の住民による新聞づくりに取り組もうとしたが，高齢者の多くはパソコンの使い方がままならず，そのため最初は協議会のスタッフが中心となって制作し，それと並行して新聞づくりの担い手を育てるため必要なスキルを伝える講習会を開催した。そして創刊号は，震災から１年後の2012年３月11日に創刊され，旧名取市立閖上中学校で開催される慰霊の集いに関する記事を読んでもらうため，閖上地区の仮設住宅には前日までに配布し，また当日は慰霊の集いの会場で，そしてその後もみなし仮設住宅で暮らす被災者に計2,000部余り配布した。そして翌月から毎月11日に発行し，仮設住宅や様々なイベント等の場で配布され，被災者に復興に向けた地域の情報と心のケアにつながるような話題を提供した。

だが，2012年度で県の助成による事業が終了したため，現在，『名取交流センター新聞』の発行は終了している。

③　集落の絆を維持するミニコミ

最後にもうひとつ，各自治体の被災した地域全体を対象にしたミニコミではなく，被災した集落でその集落の復興をテーマに誕生したミニコミとして，宮城県女川町竹浦の『たけな新聞』を紹介したい。他の震災復興に向けたミニコミの多くが，被災して仮設住宅に移り住んだ人たちの新たなコミュニティ形成を支援する役割を担っているのに対し，『たけな新聞』はもといたコミュニティから分断されて仮設住宅に散らばって暮らす人たちが，集団での高台移転によってコミュニティを再建するのを支援するため創刊された。

女川町竹浦は震災前，約60世帯180人余りの三陸沿岸の典型的な漁港集落だったが，津波でほとんどの世帯が流され，そこで暮らしていた人たちは各地の仮設住宅やみなし仮設住宅にばらばらに移った。2015年，防災集団移転促進事業による集落の高台移転が進められており，将来，6割程の世帯が竹浦に戻ってコミュニティの再建に取り組む見通しだが，ただもともと過疎化が進んでいた地域で，高台移転が遅れるとコミュニティの再建に大きな支障を及ぼす可能性がある。

こうした竹浦の復興に向けて，各地に離れて暮らす竹浦の元住民に竹浦の今を伝え，コミュニティの絆を維持するため，『たけな新聞』プロジェクトがスタートした。プロジェクト運営者の鈴木洋子によると，「2011年11月に竹浦復興委員会のメンバーで，新潟県中越地震の被災地の新潟県小千谷市で震災後に集団移転した十二平地区に視察に行った際，コミュニティのメンバーを対象に新聞を発行していたことを知り，それにヒントを得て創刊した」という。医療機器メーカーのバイオトロニックジャパン仙台営業所から紙と印刷にかかる費用の支援を受け，震災1年後の2012年3月11日に創刊号が発行された。

創刊号では竹浦に住んでいた人たちが最も知りたい竹浦の復興に向けた歩みや，どのような人たちが復興支援に来ているのかを，鈴木が取材して記事にした。そして女川町や石巻市の仮設住宅で暮らす元住民には手渡しで配布し，仙台以遠のみなし仮設住宅に住んでいる元住民には郵送で届けた。また竹浦の復興に関心を持つ人に読んでもらえるよう，女川復興応援サイト「おながわ.me」[7)]にPDFの形でアップした。

その後，『たげな新聞』は3カ月に1度の季刊で発行されており，集落の高台移転が完了し，帰還を希望する住民が戻るまで継続する予定である。

6．被災地の子どもたちが制作するミニコミ

宮城県石巻市では，地元の子どもたちが記者として取材して記事を書く『石巻日日こども新聞』が，地域紙の『石巻日日新聞』の協力を得て，ブランケット判4面カラー印刷で発行されている。発行母体となる一般社団法人キッズ・メディア・ステーションは，代表理事の太田倫子が，震災で被災した子どもたちの表現活動や情報発信を支援し，創る力・伝える力・つながる力を育むことを目的として，2011年12月に内閣府の地域社会雇用創造事業の助成を受けて設立され，子どもたち向けの様々なワークショップを行っている。

『石巻日日こども新聞』の創刊号は，キッズ・メディア・ステーションが2012年2月に慶應義塾大学で行われた第8回ワークショップコレクションへの出展を呼びかけられたことで，子どもたちを対象にした制作ワークショップを開催して制作され，ワークショップコレクションへの出展だけでなく，石巻市内でも7,000部が配布された。その後，様々な財団からの助成や個人からの寄付で制作費を賄い，年4回，季刊発行されている。

ピースボートセンター石巻の協力を得て，そこを拠点に毎週土曜日に行われているワークショップでは，太田を始め，『石巻日日新聞』の記者を含む協力者が，集まった子どもたちと最初に編集会議を行って各自の取材先や記事内容についての希望を確認し，その後は子ども記者に取材の仕方や記事の書き方を教えるとともに，アポ

取りを手伝い，そして決まった取材先に子ども記者を派遣して取材し，記事を書いてもらう。毎回，十数名程の子どもたちが参加し，下は幼稚園から上は高校生まで幅広い学年にまたがっている。ワークショップを通して参加した子どもたちは大人から様々なことを学ぶが，一方的な教える側と教えられる側の関係ではなく，子どもたちが協働作業を通して主体的に考え，マスコミのように自主規制することなく，自由な発想で取材相手に問いかける力を引き出すことに重点が置かれている。取材の段取りと完成した新聞を公開することは大人の役割だが，それ以外の現場での取材等については子どもにすべて任せている。

『石巻日日こども新聞』の制作ワークショップを通して太田は，「将来の石巻市の復興の担い手となる子どもたちが，これまで当たり前のように思って来た社会の仕組みについて，その背後にどのような多くの人たちの営みがあるのか取材を通して知り，社会とのつながりを育んでいくことを期待しており，最初に参加した幼稚園生の世代が高校生になるまでの10年間は活動を継続し，彼らの変化を見守っていきたい」という。

震災を経験した子どもたちによる新聞制作は多くの注目を集め，全国各地のいくつかの学校では『石巻日日こども新聞』が授業の教材として使われ，また国際交流基金ロンドン日本文化センターと共同で，バックナンバーの一部の記事を英語に翻訳してサイトで公開する取り組みが行われた。

7．放射能問題に取り組むミニコミ

これまで見てきた多くのミニコミは，震災の被災地での復興をテーマに発行されたものだが，原発事故が起きた福島県では原発の廃炉が何十年先に完了するのかまったく収束の見通しがつかない中，原発の立地する双葉郡をはさんで南のいわき市，及び北の相馬市，南相馬市で，今後ともほぼ永続する放射能問題に取り組むためミニコミが発行された。

いわき市では原発事故後，様々な理由で自主避難せずに留まった子どもを抱えた多くの保護者は，放射能問題について声をあげにくい状況だった。そんな中で行政や学校の対応に疑問を感じた５人の子どもの母親の團野和美は，原発事故後に様々な震災関連情報をまとめてブログで伝える活動に取り組み，さらに同様に子どもを抱える保護者の有志にツイッターで呼びかけ，「いわきの子供を守るネットワーク」を立ち上げてその代表に就任した。

放射能汚染で子どもに食べさせる食品について家族間に深刻な対立が生じ，多くの母親が誰にも相談出来ずに苦しむ中，「いわきの子供をまもるネットワーク」では独自に測定器を確保し，空間線量や持ち込まれる食品や土壌の放射能測定を行い，正しい情報を把握して共有することで子どもを持つ母親の不安を和らげるとともに，市に対して除染の要望を行った。こうした「いわきの子供を守るネットワーク」の活動に対し，復興の妨げになると考えた人たちが，匿名で入会して悪意のある嫌がらせを行うことも数多くあったが，團野は「市民同士が異なる考えの相手を傷つけるのではなく，お互いに協力して子どもたちの健康を守り，安心して暮らせる地域にする」ことを訴えた。

そして2011年９月，ネットにアクセス出来ない高齢者にも放射能汚染に関する正確な情報を伝えるため，團野を中心としたメンバー

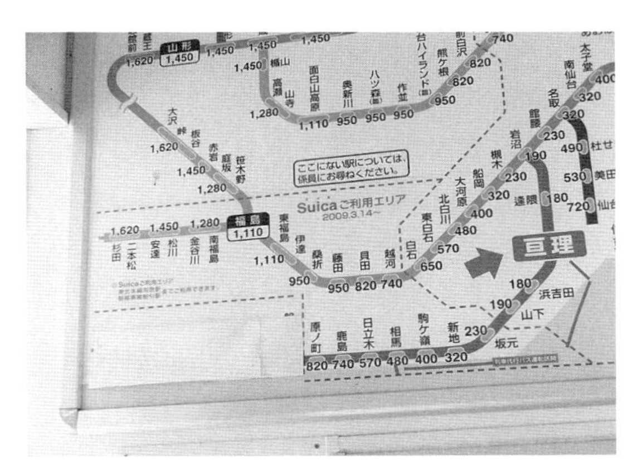

写真 2-7　原発事故後，南相馬市の原ノ町駅より南の常磐線は不通となり，駅の路線図は白紙で覆われた

で取材した子どもの安全に関する記事を掲載したミニコミとして『かえる新聞』（月刊）を創刊した。ネーミングには，「いわきを『変える』という誓い，いわきが元に『返る』という希望，いわきに『帰る』という願い」が込められている。創刊号は5万部印刷し，書店や病院等の人の集まる場所に置いて配布し，サイトからもPDFでダウンロード出来るようにした。

その後，「いわきの子供を守るネットワーク」は2012年4月にNPO法人子ども未来NPOセンターとなり，『かえる新聞』の発行を含めて放射能問題に取り組んだが，2014年3月に團野が癌で亡くなったことで活動は終了した。だが今日，この『かえる新聞』の遺伝子は，相馬市，南相馬市で発行される『そうまかえる新聞』へと引き継がれている。

『そうまかえる新聞』（隔月刊）は，「MY LIFE IS MY MESSAGE（MLIMM）／福島県相馬市応援プロジェクト」の一環として，原発事故後の相馬市，及び南相馬市の情報を伝えるため創刊された。「MY LIFE IS MY MESSAGE」は，相馬市でCDショップを営む森田文彦を始めとする音楽関係者を中心としたメンバーが，震災から１カ月後の2011年４月に立ち上げた相馬市の復興を応援するプロジェクトで，震災後，仮設住宅の被災者にCDラジカセを贈ったりチャリティコンサートを開催したりするなど，様々な活動を行ってきた。そして森田が2011年11月にいわき市を訪れた際に入手した『かえる新聞』からヒントを得て，同様の放射能問題について考える媒体を作成し，チャリティコンサートの会場，その他で配布しようと考えた。

森田は，原発事故後も地元に留まって子育てをしていた母親で，自分と同様の母親たちのグループ「TEAM ONE LOVE」の代表をしていた酒井みずほに相談した。酒井はグループのメンバーと放射能問題についてネットを通して得た情報を交換して話し合う中，より多くの人たちと情報の共有が可能な紙媒体の必要性について考えていたこともあり，自ら編集長を引き受けることになった。そして「MY LIFE IS MY MESSAGE」の活動に参加する全国各地のプロの編集者やデザイナーのサポートを受け，自ら取材して記事を書き，2011年12月に創刊準備号（おたまじゃくし号）を発行した。『そうまかえる新聞』の名称の使用については，團野に連絡をとって快諾を得た。

相馬市では震災から日が経つにつれてマスコミで取り上げられる被災地の情報は徐々に減少し，特に相馬市が露出することが少なくなっていた。そうした中，『そうまかえる新聞』創刊準備号は3,000部余り発行され，コンサート会場以外に市内で復興に取り組む様々な団体や店舗に置いて配布されたが，相馬市で暮らす市民が地元の放射能問題をわかりやすく伝えたことで，子どもを抱える母親層を中心に大きな反響があり，また相馬市を離れて全国各地に避難した人たちからも多くの問い合わせが届き，そうした問い合わせのあった先にも送付した。

『そうまかえる新聞』は隔月発行を予定して2012年2月に創刊号が発行され，酒井は原発事故後も相馬市で暮らす市民向けの情報紙という位置づけで，自らそうした市民の視点で相馬市の復興関連イベントや放射能から身体を守るための工夫等について記事を書いた。ところが『そうまかえる新聞』が話題となり，全国各地の避難先で暮らす人たちや隣接するより原発に近い南相馬市の人たちからも読まれるようになると，読者の置かれた状況や想いが異なることから，特定の立場で意見を書くことが極めて難しい状況が生まれた。

2012年4月に発行予定だった第2号は，レイアウトを終えて印刷直前の段階であった。しかし，制作をサポートする「MY LIFE IS MY MESSAGE」のメンバーが目を通し，そのまま配布することに不安を感じたため，すべてボツにして制作に関わる全員で話し合った。その結果，専門家の間でも意見の食い違う放射能問題を取り上げる際の編集方針として，何十年先に真実が明らかになってから振り返っても後悔することがないよう，

1）いのちを何よりも大切に考える

2）「事実」を「事実」として正確に伝え，その判断は読者にゆだねることに重きをおく

の２点を明確に打ち出した。すなわち相馬市，南相馬市から避難した人たち，様々な事情でとどまらざるをえなかった人たち，避難したけれども戻って来た人たちが，各自の人生で行った選択についていっさい否定することはせず，その選択を踏まえてこれからどのように生きればよいのか考えるための素材を提供するというスタンスである。

このため第２号の発行は１カ月遅れ，2012年５月となった。また編集体制も，編集長の酒井が中心となって取材から執筆までほとんど一人でこなすのではなく，様々な立場の人が一緒に編集する形へ移行することになり，2012年９月発行の第４号から新体制での制作となった。

新体制では，編集に携わるメンバーが編集会議でどんな記事を誰が取材して書くのか決め，そして担当者が期日までに初稿をネットにアップし，個々の記事の内容について全国各地から制作をサポートする「MY LIFE IS MY MESSAGE」のメンバーも含めた全員で目を通してブラッシュアップし，紙面に掲載する。特に放射能問題については，メンバー同士の考え方が異なり，意見が対立して議論になることも少なくないが，最終的には意見の違いを乗り越えて編集方針にもとづいた紙面が編集される。

「MY LIFE IS MY MESSAGE」のメンバーの多くは，各自，ブログやSNS等のソーシャルメディアを通して様々な情報発信活動を行っているが，相馬市，南相馬市ではネットの普及率は低く，特に仮設住宅で暮らす被災者にとって，紙媒体は最も有効な情報伝達手段となっている。『そうまかえる新聞』の発行部数はその後，２万部以上に増え，この内の半分を避難者も含めた全国各地の購読者

（＝相馬市，南相馬市の応援団）に発送しており，またサイトからPDFでダウンロード出来るようにしている。なお創刊初期の頃は着払いで送付していたが，現在は送料も含めて発行にかかるすべての費用を支援者からの寄付でまかなっている。

注）

1）緊急雇用創出事業の収益についてはグレーゾーンなところがあり，広告収入をまるごと返還した『復興釜石新聞』に対し，被災地の臨時災害放送局の多くはCM収入の返還を求められておらず，返還していない。

2）一度，廃刊になった地域紙が，復刊した数少ない事例として，茨城県南部をサービスエリアとする『常陽新聞』が2013年8月に廃刊になった後，新たな事業主のもとで2014年2月に復刊したケースがある。

3）日本ジャーナリスト教育センター（JCEJ）とNPO法人ボランティアインフォが共同で，大槌町の復興に向けた情報発信とジャーナリスト教育の拠点として立ち上げた「Newslabおおつち」が，ウエブと連動した紙媒体で大槌町の情報を町の内外に発信するため，現地責任者の元地方紙の記者とJCEJの学生インターンが制作する地域紙として『大槌みらい新聞』を創刊し，ボランティアの手で全戸配布された。だがその後，内部での運営方針の対立等の問題が生じ，JCEJは『大槌みらい新聞』の発行から手を引くことになった。
JCEJが撤退した事情については，東京産業新聞社のニュースサイト「ガジェット通信」の記事（http://getnews.jp/archives/346717）等に詳しくまとめられている。

4）http://blog.livedoor.jp/aryu1225/

5）http://kickoff-rias.com/

6）http://www.ishinomakimatinaka.com/

7）http://onagawa.me/

第3章

ネットによる被災地からの情報発信

1．ソーシャルメディアによる情報共有

①　地域 SNS による震災関連情報の共有

東日本大震災では，従来のマスメディアだけではなく，ネットのソーシャルメディアが様々な被災地の情報を多くの人に伝えた。そして被災地では，フェイスブックやツイッター以外に，地域SNSが大きな役割を果たした。

宮城県を中心とした東北地方のブロック紙の河北新報社では，97年に「コルネット」(2014年3月から「河北新報オンラインニュース」[1])というニュースサイトを立ち上げた。だが新聞記事と同じ情報をネットで配信するだけでは，情報感度の高い読者とつながってフィードバックを得るのは難しく，ネットの双方向性を活かした新たなコミュニケーション環境を通して，新聞社の情報発信事業の仕組みを変えていくことを目指し，10年後の2007年にメディア局（現デジタル編集部）で地域SNS「ふらっと」(2014年3月から「河北新報オンラインコミュニティー」[2])を立ち上げた。

「ふらっと」が立ち上がる以前，東北地方には多くの地元の情報を伝えるブロガーがいたが，河北新報社ではそうしたブロガーとの

関係づくりのため，「ブログ交差点」というコーナーを設け，東北にゆかりのあるブログにリンクを張って紹介した。また地域SNSのコミュニティで発信されるニュース価値の高い情報をより多くの人と共有出来るよう，希望者は公開範囲をSNS内に限定せず，ブログ機能を通してオープンにすることも選択可能にした。そして「コルネット」で配信される地域の抱える諸問題に関するニュース記事について，「ふらっと」を核にしたネットのコミュニティで多くの市民が議論し，実社会での問題解決につなげていくことが，地方紙による市民参加型ジャーナリズムの方向と考え，メディア局ではツイッター，フェイスブック等による情報発信も絡めて，「ふらっと」のコミュニティの活性化に取り組んできた。

こうして震災前までに，「ふらっと」は会員数5,000人以上の東北地方で最大規模の地域SNSに成長し，また「コルネット」と相互に連動して宮城県を中心とした地域ポータルサイトとしての役割を担っていた。

震災発生直後，河北新報社では社内にあった「コルネット」のサーバの回線が途切れたため，サーバが社外にあって無事だった「ふらっと」を利用し，（号外や翌日の新聞記事として掲載予定のものも含めて）すべての震災に関するニュース記事を配信した。そして震災翌日からは，ツイッターで震災関連のニュース記事をツイート可能な長さに編集して配信した。さらにこうしたネットでのリアルタイムの情報発信は，メディア局だけでなく紙媒体の新聞を担当する編集局でも，個々の記者が取材先から直接，「ふらっと」の中の記者ブログやツイッターを通して行った。「ふらっと」の1日あたりのページビューは，震災前は6万前後だったのが，震災後はその倍以上に増え，またツイッターのフォロワーの数も，震災前の200人前後から震災後はその20倍となる4,000人余りに増えた。

震災後，紙媒体の新聞の配布が地域によって難しかった時期に，河北新報社では「ふらっと」を始めとしたネットのコミュニティに記者が直接参加し，取材した情報を伝えたことの意味は大きい。また希望者はそのブログの公開範囲をSNS内に限定せず，オープンに出来る機能になっていたため，記者以外に被災地でネット利用が可能な会員の多くは，自ら得た地元の情報をツイッターと合わせて「ふらっと」でオープンに発信した。

② まとめサイトから復興に取り組む人たちのコミュニティへ

「ふらっと」は県域エリアを対象にした地域SNSだが，他に震災時に市町村エリアを対象に情報を絞り，必要とする人たちに伝えたネット系メディアがある。その中から代表的なものとして，震災直後に宮城県東松島市の地震情報まとめブログとしてスタートし，その後，東松島市情報共有メーリングリストや東松島市の復興状況を共有するサイトへと発展し，さらにフェイスブックに活動拠点を移して地域コミュニティの復興に取り組む人たちの活動をつなぐネットのコミュニティとしての役割を担う，「SAVE東松島[3)]」について紹介したい。

この「SAVE東松島」の母体となった東松島市地震情報まとめブログを立ち上げた発起人の高橋健寛は，震災当時は弱冠20歳の青年で，後の「SAVE東松島」のコアメンバーの誰ともつながっていなかった。震災発生時に仙台市にいた高橋は，津波でJR仙石線が全線不通となって東松島市の自宅に戻ることが出来ず，高速バス

写真 3 - 1　東松島市で震災後に東松島市地震情報まとめブログを立ち上げた高橋健寛

で山形県の友人宅に避難した。そこで停電が回復した 2 日後の2011年 3 月13日に，友人のパソコンをたまたま持ち歩いていたモバイルルーターにつなぎ，東松島市地震情報まとめブログを開始し，ひたすらツイッターやミクシィ上に拡散していた東松島市の震災に関する膨大な情報を検索して集約し，分単位で更新して伝える作業を行うとともに，ブログの存在自体をツイッターで拡散した。

高橋が心がけたのは，東松島市がキーワードとなる情報に特化して伝えるとともに，それを必要とする人が見てわかりやすいようなカテゴリー分けをしたことである。これによって東松島市地震情報まとめブログを見れば，必要な東松島市のネット上に流れている情報にたどり着くことが出来るため，震災後しばらくの間は市のサイトを上回る1日数十万のアクセスを集めた。そして震災から2カ月近く経って，東松島市の復興に関わる人の輪が全国に広まる中，そうした人たちが復興に取り組む他の個人や団体と必要な情報を共有してつながることが出来るよう，高橋は5月1日にブログとは別に東松島市情報共有メーリングリスト「SAVE 東松島」を立ち上げた。メーリングリストを立ち上げたのは，誰もが登録して簡単に情報発信出来るようにするとともに，スマートフォン以外の携帯電話でも受信出来るようにするためである。

メーリングリストには東松島市の復興支援に関わる200名余りが参加して軌道に乗る中，この時期になると高橋の方でもネットに張り付いて情報収集する必要もなくなり，東松島市地震情報まとめブログをアーカイブとして残し，それを引き継いだ「SAVE 東松島」のサイトを6月23日に立ち上げ，ここにメーリングリストへの登録方法の紹介と合わせて，必要に応じて新たに復興関連の重要な情報を掲載するようにした。その後，7月15日にメーリングリスト参加者のオフ会があり，そこに集まったメンバーでSNSを活用して東松島市の復興支援をしていくことが決まって，フェイスブック上で「SAVE 東松島」のコミュニティが誕生し，高橋を含む10名余りのコアメンバーを中心にネットのコミュニティが運営されていくこととなった。

ちなみに「SAVE 東松島」のコアメンバーの多くは，震災支援で全国各地から東松島市に来たボランティアの人たちがフェイスブックを使っていたため，彼らが被災地を離れた後につながりを保つために利用するようになっていた。

こうして「SAVE 東松島」は，特定の復興支援活動に取り組む団体と異なり，東松島市の震災関連情報の共有と復興に取り組む人同士をつなげるネットの場からスタートして，その後，ここに集まった地元の人たち，あるいは全国各地の支援者の中から多くの活動が発生し，それぞれ関心を持った個人が個別に関わるといった形で，緩やかなネットのコミュニティを形成していった。様々なNPO／NGOの代表も参加していて，各自，復興イベント等の活動を行う際の協力者を募る手段として，「SAVE 東松島」のコミュニティを利用している。

これまで経過を見て来たように，「SAVE 東松島」は震災直後にネットに溢れた震災関連情報をブログにまとめ，ツイッターでその存在を不特定多数の人たちに発信する一個人の取り組みからスタートした。こうした取り組みは東松島市に限らず，フリッカーやユーチューブでの写真や映像による情報の共有も含め，各被災地で多くの個人の手によって行われた。ただ被災地で数多く誕生した震災関連情報のまとめサイトの中でも，特に「SAVE 東松島」が多くの人から注目を集めたのは，「東松島」という特定の地域名をキーワードに，掲載する情報を集約した点だろう。

震災発生後，多くのネット利用者は自分の知りたい地域（県ではなく市町村）の震災関連情報を探すのに，その地名をキーワードに検索したはずで，その際に「東松島」というキーワードで必ず辿り着いたのが，東松島市地震情報まとめブログだった。そしてブログが多くの人に知られ，コメント欄に様々な情報が寄せられるようになる中，一個人の手による情報の収集と掲載から，今度は誰もが登録してその地域の情報について自由にやり取りの出来るメーリングリストが立ち上がった。特定のキーワードを媒介してネット上で様々な人が集まる場，すなわちソーシャルメディアのコミュニティの誕生である。

このソーシャルメディアのコミュニティは，当初の原始的なメーリングリストからSNSへと移行するが，人と人をつなぐハブとしての機能は変わらず，そこで様々な呼びかけが行われて，賛同する個人がつながって問題意識を共有するグループが生まれ，そこで各自が自分に可能な役割を担うことで，被災地を盛り上げるための多くの活動が極めて迅速に行われるようになった。

2．地域情報サイトの取り組み

①　被災地で多様な情報を伝えるサイトの数々

東日本大震災発生当時，津波の被害の大きかった東北3県の沿岸部の被災地では，いくつかの地域情報サイトが存在したが，そうした既存のサイトの多くは，震災関連情報の伝達や復興支援という点で，ソーシャルメディアと比べると限られた役割しか果たすことが出来なかった。ただその中で震災後の復興に向けて重要な役割を担ったものとして，福島県いわき市小名浜のウエブマガジン「TETOTEONAHAMA」[4]が挙げられよう。

元福島テレビ報道部記者で中国の上海で日本語生活情報誌の編集者等を務めた小松理虔は，帰国していわき市内の企業で働きながら，2010年4月，自ら編集長を務めるウエブマガジン「TETOTEONA

HAMA」を立ち上げた。「TETOTEONAHAMA」では，小松自身と小松が依頼した書き手が，個人のフィルターを通して取材した小名浜の日常に関する記事やその風景写真を掲載し，それを通して小名浜に関心を持った読者からコメントをもらい，相互にコミュニケーションすることで，小名浜の新たな価値を創造することに取り組んできた。

そしてスタートして1年後に震災とそれに続けて原発事故が起きた後は，そうした状況にもかかわらず小名浜に留まって前向きに生きている人たちが数多くいることを伝えるとともに，震災で苦しんでいる人には個別にエッセイの執筆を依頼し，そうした多様な個人の気持ちを伝えて積み上げてきた。小松は「震災後の原発事故で，被災地の人たちの様々な価値観がむき出しになり，身近な家族や友人との間でも相互に違和感を覚え，『絆』という言葉で一括りに出来ない状況がある。どんな言葉を発しても丸く収まらない状況は，今後，福島原発が廃炉になるまで何十年も続き，福島県で生活する限り，この状況と向き合っていかなければならない」と考え，「TETOTE ONAHAMA」の運営に取り組んでいる。

一方，震災後に新たに被災地で誕生した地域情報サイトは，当初から震災関連情報の伝達や復興支援を目的に立ち上げられたもので，たとえば宮城県女川町の「女川復興ファンクラブ[5]」というサイトは，震災後，女川町のファンとして登録した人を対象に，復興商品や復興イベントに関する情報を提供する役割を担った。また前章で紹介した『こころ通信』の近藤和也編集長も参加している岩手県宮古市のインターネット放送局「いわみんTV[6]」は，震災後に臨時災害放送局の「みやこさいがいエフエム」のボランティアスタッフをしていた若者たちが，サイマルラジオ以外に宮古市の復興に向けた情報をより自由に全国の支援者に向けて発信するライブメディアとしてユーストリームに注目し，2011年８月から宮古市の復興に関するテーマで様々なゲストを招いて語り合うトーク番組の配信を開始した。

こうした震災後に被災地で情報伝達や復興支援等に関わるという特定の目的を持って誕生したサイトの内，既に当初の役割を果たして運営が終了したところも多いが，中には当初の想定を超えた展開をしたものもある。

神奈川県が岩手県沿岸部の被災地の後方支援拠点となった遠野市に開設した震災ボランティア宿泊施設「かながわ金太郎ハウス」のスタッフが，2011年10月に岩手県陸前高田市で調査して作成した紙媒体の『陸前高田市新店舗マップ』（通称金太郎マップ）は，津波で被災した地域で新たに再開した店舗の情報を地図上に掲載したもので，地元の人に大変役立った。そしてこの後，幾度かの更新を経て，2012年４月から陸前高田市の一般社団法人 SAVE TAKATA が引き継ぎ，『陸前高田復幸マップ』として発行されることになった。

SAVE TAKATA は震災直後に東京在住の岩手県立高田高校（陸前高田市）の出身者が中心となって立ち上げた復興支援団体で，陸前高田市で復興に向けた事業を推進するチームと，東京で後方支援するチームとに分かれている。独自に事業を行う以外に，陸前高田市で支援活動をしたいという市外の様々な団体と，そのニーズに合う地元の人たちをマッチングし，必要に応じて内容面のローカライズをサポートするといった，中間支援組織としての活動も行っている。

写真3－2　「SAVE TAKATA」の事務所のある陸前高田市の高田大隅つどいの丘商店街

SAVE TAKATA では『陸前高田復幸マップ』を，助成金や広告収入をもとに，引き継ぐ前の手書きのモノクロ・コピーのものからカラー印刷の小冊子にして，仮設住宅で暮らす被災者世帯全戸に配布するとともに，市内の人が集まる店舗，その他の場所に置いて自由に持って行けるようにしたところ，市民だけでなく陸前高田市を訪れる観光客の間でも話題となり，現在では，市外のレンタカー店や郵便局にも置かれるようになった（他にも「SAVE TAKATA」のサイトから，PDF でダウンロード出来る）。また定期的に情報を更新して発行することで，ある意味で震災後の陸前高田市の復興の歴史を記録したアーカイブにもなっている。

そして『陸前高田復幸マップ』のウエブ版[7)]を2014年10月に，携帯アプリ（iOS）版を2014年11月にそれぞれ開発して公開した。このように紙媒体からスタートして新たにウエブ版，携帯アプリ版の地図が誕生したことで，店舗情報やイベント情報の更新も短い期間で出来て，各地から陸前高田を訪れる人にとって利便性の高いものになった。

② 新たに誕生した復興支援の地域ポータルサイト

もうひとつ震災後に誕生した地域情報サイトとして紹介したいのが，宮城県石巻市で県紙の河北新報社系列の三陸河北新報社と地元のコミュニティFM局である「ラジオ石巻」が共同プロデュースする地域ポータルサイトとして，震災から２年後の2013年３月11日に誕生した「メディア猫の目」[8]である。

2012年４月に三陸河北新報社の発行する地域紙『石巻かほく』のウエブ版立ち上げの話が出た際，ウエブ版では読者が全国に拡がることから，紙媒体をウエブによるニュースサイトに切り替えて有料課金を目指すという発想ではなく，紙媒体としての地域紙を補完する媒体として，復興支援の地域ポータルサイトが企画された。

写真３-３　震災から１年後も更地の状態の陸前高田市の中心市街地の風景

すなわち震災前まで河北新報社のニュースサイト「コルネット」は，アクセスする人の多くが宮城県を中心とした東北圏からだったが，震災を機に首都圏を始めとする全国各地からのアクセスが急増し，今では約半分が東北圏外からのものになっている。また震災直後に「コルネット」のサーバの回線が途切れたため，河北新報社では入手した震災関連情報を地域SNS「ふらっと」やツイッターで配信したが，そこには全国各地からアクセスが殺到し，大規模災害時に地方紙が伝える情報へのニーズがいかに大きいかが確認された。ようするに全国紙の場合，紙媒体もウエブも対象とするマーケットは同じで，また同じ情報を伝える競合他紙が複数存在するのに対し，地方紙，特に地域紙では，地域と一体となって取材した情報はその媒体独自のもので，そうした特定の地域の情報を必要とする人は全国各地に一定数存在し，それが災害時には急増するといった状況がある。

特に被災地では震災後，全国各地からボランティアも含めて復興に携わる多数の人が訪れ，彼らの大半は被災地を離れた後も被災地に関心を持ち続けており，彼らと関係を築いてネットを通してつながっている被災地の人たちも数多くいる。「メディア猫の目」では被災地の人たちだけでなく，震災を通して被災地と絆を持つ人たちも対象に，新聞社が集めたコンテンツをウエブ上で提供し，さらに将来的には位置情報やソーシャルメディアと組み合わせたモバイル端末向けのサービスも構想されている。

「メディア猫の目」では，かつて河北新報社が「ふらっと」で各地域の主体的な情報発信者をまちかどブロガーとしてネットワーク化してサポートした経験をもとに，情報発信者との協業を重視し，三陸河北新報社や「ラジオ石巻」が提供するコンテンツだけでなく，ピースボートセンター石巻を始めとする地元のNPO／NGOや個人のブロガーの協力を得て，そうした団体や個人のブログとリンクし，地域と連携した石巻圏の復興状況を中心とした情報発信を目指している。

注）

1）http://www.kahoku.co.jp/
2）https://kacco.kahoku.co.jp/
3）http://save-hm.org/
4）http://www.tetoteonahama.com/
5）震災から1年程でサイトの運営を終了。
6）http://www.iwamin.tv/
7）http://www.fukkomap.net/Map
8）http://ishinomaki.kahoku.co.jp/

第4章

被災地でのラジオ放送

1．コミュニティFM局の震災対応

東日本大震災発生当時，津波で大きな被害を受けた東北３県の沿岸部には，宮城県石巻市に「ラジオ石巻」，塩竈市に「BAY WAVE」，岩沼市に「ほほえみ」，福島県いわき市に「SEA WAVE FMいわき」の４つのコミュニティFM局があった（他に仙台市に３つのコミュニティFM局があったが，いずれも津波の被害を直接受けなかった内陸部の区に立地していた）。

震災後，４局とも臨時災害放送局へ移行し，いわき市の「SEA WAVE FMいわき」が2011年３月28日から５月27日まで，塩竈市の「BAY WAVE」が2011年３月18日から2013年９月26日まで，岩沼市の「ほほえみ」が2011年３月20日から2014年３月31日まで，それぞれ臨時災害放送局として放送を行った。最も津波の被害の大きかった石巻市の「ラジオ石巻」は，2011年３月16日から2015年３月25日までまる４年間，臨時災害放送局として放送を行っている。

岩沼市の「ほほえみ」（いわぬまさいがいエフエム）では，他の宮城県内の沿岸部のコミュニティFM局が震災時，津波による浸水で２日間程停波したのに対し，津波の直接の被害がなかったため，震災直後から放送を通して様々な情報を迅速に伝えることが出来た。

98年4月に第三セクターの局として誕生した「ほほえみ」は，災害時に市役所の屋上にある送信所から緊急割込放送が出来る体制になっている。また年2回発行する番組表を市で広報誌と一緒に全世帯に配布しているため，局に対する市民の認知度は高い。2010年2月のチリ地震の津波の時も市民に避難を呼びかけ，この時は津波の被害が予想された地域で放送を聴いていた市民の多くが避難した。

2011年3月11日は，14時46分に地震が発生し，その直後の51分に緊急割込放送で地震について第一報が伝えられた。そしてテレビやネットからの情報をもとに15時に大津波警報を放送し，15時7分に予想される津波の高さを3メートルと伝えたが，これは直ぐに6メートルに変更され，最終的に津波到達7分前の15時39分には10メートルと伝えられた。15時46分に津波が到達して岩沼市は大きな被害を受けたが，その直後の16時1分に市役所で，市長自らが市で把握している情報について放送した。その後も震災から最初の10日間，朝昼夜の1日3回，市長が直接放送で災害対策本部に集約されたライフライン関係の情報を市民に伝えた。

震災発生が平日の金曜日の午後だったため，局舎（演奏所）には放送スタッフ，事務スタッフがおり，外に出かけていた営業スタッフも直ぐ戻って来たため，体制を組み直して局に泊まりがけで24時間，生放送が出来るようにした。「ほほえみ」では震災の数年前から新規採用を，仙台市在住の経験とスキルのある人よりも，そうした経験やスキルが不足していても緊急時に直ぐに駆けつけられる地元の人を採用するようにしていたため，震災後もスタッフの確保が出来た。そしてスタッフは震災当初，局に届く市内の各行政区の区長，あるいは名前を名乗って連絡のあったリスナーからの安否関連情報を中心とした情報を，ひらすら伝えることに取り組んだ。

「ほほえみ」には震災から1週間経たない内に全国各地から多数のラジオが届けられ，スタッフはそれを中継車で市内の各避難所に届け，併せて避難所からの中継放送を行い，避難している被災者の声を伝えた。そして震災から9日後の3月20日に臨時災害放送局の免許申請をして，出力を20Wから100Wにアップし，これによって可聴エリアは周辺の名取市，亘理町，山元町，仙台市の一部に拡がった。

こうして放送エリアは拡がったが，従来のようなCMをベースにした放送は，臨時災害放送局としての制約や地元の広告スポンサーが被災したことで出来ず，局の収入は大きく減少する。もともと第三セクターの局として，市の情報を放送する対価で年間2,000万円余りの放送収入があり，これは震災後もそのまま継続したが，それ以外に放送収入はほとんどなくなった。また日本財団[1)]，そして企業や国からの臨時災害放送局の支援を目的とした助成金を得たが，他に放送外収入として，震災前は地域で行われるお祭りや結婚式等のイベントにパーソナリティやミキサー担当者を派遣して稼いでいたものの，震災後はこうしたイベントへの人の派遣依頼もほとんど来なくなった。ただ「ほほえみ」では岩沼市とその周辺自治体で広告代理店事業を行っており，入札で市の広報誌や市バスの車内広告の代理店をしている関係で，2011年度は助成金を別にした年間4,200万円の売上げの4割余りを，広告代理店事業を中心とした放送外収入によって確保した。

その後，臨時災害放送局としての放送は，震災から2年目を迎え

写真４－１　津波襲来時に市民に情報を伝え続けた
岩沼市のコミュニティＦＭ局「ほほえみ」

る頃には徐々に行政の発表する震災関連情報が少なくなる中，復興に向けた自治体，企業，NPO／NGO 等による取り組みについて，取材に行って当事者の生の声を伝える形で３年間続け，2014年度からコミュニティFM 局へ復帰した。

一方，震災で最も多くの犠牲者を出した石巻市では，「ラジオ石巻」（いしのまきさいがいエフエム）による放送が2015年に入ってからも続いている。95年の阪神・淡路大震災をきっかけに石巻市では，地域の防災情報を伝えるコミュニティFM 局立ち上げの機運が高まり，その２年後の97年５月，「オール市民ラジオ」をモットーに多くの市民がサポーターとして番組制作に参加する「ラジオ石巻」が開局した。放送エリアは石巻市と隣接する東松島市の一部である。

震災当日の３月11日，「ラジオ石巻」では演奏所と送信所を結ぶ回線がダウンし，約１日半，放送がストップした。13日に送信所に放送機材を運んで自家発電で放送を再開し，翌14日に中継車の送信機を市役所に運んで臨時のサテライトスタジオを設け，そこから被災者の安否情報やライフラインの復旧情報を伝えた。そうした中，16日に市長が臨時災害放送局の申請をして免許が交付された。臨時災害放送局になることで，「ほほえみ」同様に出力を20Wから100Wにアップして放送するとともに，日本財団等からの支援を受けた。

震災後，石巻市を始め各被災地には全国各地からラジオが届き，必要とする市民に配られたため，「ラジオ石巻」では現在，震災前よりも多くのリスナーが放送を聴いている。震災当初は，主に行政から入る震災関連の情報を中心に放送していたが，震災から4年半余り経った今では，被災者が和む音楽やトーク番組を中心に，その中に復興関連のイベント等を取材したニュース等が流れるといった形で，通常のコミュニティ放送に近いものになっている。

2．自治体主導による臨時災害放送局

①　自治体主導での開局と局運営の継続の問題

東日本大震災後に東北3県と茨城県で中継局を除いて計30の臨時災害放送局が開局したが，この内，20局が既存のコミュニティFM局からの移行ではなく，新規に開局した局である。開局のいきさつやその後の運営形態は様々だが，自治体が中心となって運営した局と，外部の企業やNPO／NGOに運営を委託した局とでは，その後の展開が大きく異なる。

津波で大きな被害を受けた東北3県の沿岸部で見ると，岩手県釜石市の「かまいしさいがいエフエム」，宮城県南三陸町の「みなみさんりくさいがいエフエム」(FMみなさん)，福島県相馬市の「そ

うまさいがいエフエム」の3局が，自治体が中心となって運営した臨時災害放送局だが，この内，「FM みなさん」は2013年3月末に，「そうまさいがいエフエム」は2014年末にそれぞれ放送を終了して廃局しており，また釜石市の「かまいしさいがいエフエム」は，2014年4月から市が局の運営をするのではなく，県域局のエフエム岩手釜石支局に委託している。一方，同じ東北3県の沿岸部で市から委託された団体が運営している局では，2014年末時点で放送を終了した局はない。

その背景として，震災直後は放送を通して被災者に必要な震災関連情報を提供したものの，震災から時が経つにつれて行政が発表するそうした情報が少なくなり，被災者であるリスナーの多くも「和める放送」を求めるようになる中，自治体として放送の意味は認めつつも，自ら主体となって継続することが難しい状況が生じたことが指摘されよう。

相馬市では，「もともと地元にコミュニティFM 局が欲しいという想いを多くの市役所の職員が持っていたが，開局とその後の運営に必要な費用の問題等あって具体化しなかった」（企画政策部企画政策課）という。そして震災後に原発事故の影響もあって市民に伝えなければならない情報が数多く発生し，広報誌の発行を週2回にしたものの，市で集約した情報を市民にまんべんなく伝えることが難しくなった。そんな中，他の被災した多くの自治体で臨時災害放送局が開局したニュースが伝わり，相馬市では市役所の職員が中心となり，福島県内でコミュニティ放送用機材とその技術サービスを扱っている MTS ＆プランニングから機材の貸し出しと開局支援を受け，市役所内の防災行政無線局のスタジオを放送用に転用し，3

月29日に「そうまさいがいエフエム」が開局した（放送開始は30日）。

「そうまさいがいエフエム」では11月に臨時職員を雇用するまでの最初の７カ月余りの期間，30Wの出力で市役所から１日３回，９時，13時，17時から各１時間程の放送を，企画政策課の職員と数名の市民のボランティアが交代で担当した。初期の放送では毎回，津波で流された位牌や写真に関する震災関連，市内の放射線レベルの測定値や水道水に含まれる放射線濃度といった原発事故関連の情報から，医療，金融，道路，交通，災害ボランティア，イベント等の生活関連の情報まで最新のものを，10分間隔くらいで合間に音楽を１曲挟んで読み上げた。また相馬市を慰問で訪れたミュージシャン等が，ゲストで出演することもあった。放送の中で使われる音源は，全国各地から送られてきた音楽やメッセージの入ったCDを活用した。

相馬市では当初，「将来的に市役所職員の手を離れ，地元の市民グループで放送を引き継いでくれるところが現れるのが望ましい」（企画政策課）とのことだったが，ただ最初に自治体主導で臨時災害放送局を立ち上げて放送をスタートしたこともあり，そうしたパワーを持った市民グループが育たずに２年後に放送を終了することになった。

釜石市では，「３月末にエフエム岩手から，もし臨時災害放送局を立ち上げるのなら，全面的に協力するという申し出があった」（総務企画部広聴広報課）という。そして周辺の自治体で臨時災害放送局が立ち上がる中，釜石市でも４月初めに立ち上げを決定し，FMいわて釜石支局内に間借りして機材の無償提供を受け，４月７日に「かまいしさいがいエフエム」が開局した（放送開始は11日）。

「かまいしさいがいエフエム」では，パーソナリティ３名，音響オペレーター１名を緊急雇用創出事業による臨時職員として雇用し，それに広聴広報課の職員１名が加わって，午前10時半から正午までと，午後15時半から17時までの１日２回，釜石市災害対策本部情報を中心に音楽を挟む形で放送をスタートした。

釜石市でも当初，「コミュニティFM局は市の活性化に役立つものの，自治体としてそれを支えていくためには多くの費用が必要で，臨時災害放送局を将来どうするのか，緊急雇用創出事業の期間が終

写真４−２　釜石市の「かまいしさいがいエフエム」の放送現場

了するまでに検討したい」(広聴広報課) とのことだったが，3年後の2014年4月からは，市が直接運営をする形でなく，エフエム岩手釜石支局に委託しての放送となった。

② 臨時災害放送局の役割をめぐるミスマッチ

相馬市，釜石市ともそれぞれ自治体の職員が臨時災害放送局による放送の意味を理解した上で上記のような判断がなされたが，ただ残念なことに最後まで自治体の意図と臨時災害放送局に対する本来のニーズとのミスマッチが生じて必要な役割を果たせずに放送を終了したのが，南三陸町のケースだろう[2)]。

南三陸町では，震災の津波で町役場が流され，町民の半数以上が避難生活を余儀なくされる中，3月後半から4月にかけて周辺の被災した自治体の多くで臨時災害放送局が開局し，南三陸町でも一部の職員の間で臨時災害放送局への関心が生まれた。そして兵庫県が阪神・淡路大震災の体験を伝えることを目的に設立した人と防災未来センター，阪神・淡路大震災をきっかけに神戸市で誕生した多文化・多言語コミュニティFM局の「FMわぃわぃ」，新潟県中越地震の時に長岡市で臨時災害放送局として放送を行ったコミュニティFM局の「FMながおか」，そして流通科学大学の学生たちによる「RYUKA被災地復興サポートチーム」等の支援を得て，5月17日に「FMみなさん」が開局した。

開局にあたってスタッフの募集があり，応募のあった8名が臨時職員として採用された。この内，1名は震災で被災して廃刊となった『南三陸新聞』の元記者で，残りはメディアを通して人に情報を伝えるのが初めての人たちだった。そのため開局してすぐに南三陸町に隣接する登米市の「はっとFM」が，町長の要請でスタッフのスキルアップ等を請け負う形で関わることになった。

開局当初の「FMみなさん」は，1日2回，10時と15時からそれぞれ1時間の放送（他に正午と19時から再放送）で，その合間は無音の状態だった。これはもともと南三陸町で，津波で流出した防災無線が復旧するまでの間，町から住民への情報伝達の手段として，臨時災害放送局を立ち上げたという事情が背景にある。そのため町では，従来の防災無線が担っていた以上のラジオ本来の役割を臨時災害放送局に期待しておらず，放送内容については職員による事前チェックが行われ，町が提供する情報を正確に伝えることが求められた。だが防災無線と違ってラジオは，リスナーが周波数を合わせた時に放送されていないと，二度と聴かれなくなる。そのため「はっとFM」がアドバイスして，放送の合間に音楽を流すプログラムを組み，24時間放送へ変更した。また放送開始にあたって，周波数の告知が充分に行われておらず，開局したもののリスナーがほとんどいない状態だったため，こちらも「はっとFM」がアドバイスし，周波数を告知するポスターを制作して町内の様々な場所に張り出した。

ただ大きな問題として残ったのが町からの放送内容に対する制約で，町ではある意味で「FMみなさん」を防災無線に代わる告知媒体のひとつと考えていたため，被災者が最も必要とした時期に，行政関連以外の民間情報（町内での店舗の再開，サービスの内容等）を勝手に放送することが出来ず，また行政の施策について番組の話題としてトークして内容を深めていくことも出来ないため，番組枠を拡大することが難しかった。こうした放送内容への縛りは徐々に緩まっていったが，開局初期にこうした問題を抱えてリスナー獲得に失敗したため，町民の多くは最後まで「FM みなさん」のリスナーになることがなかった。

2012年3月末に南三陸町で，局の運営を「はっと FM」に委託して震災から2年目の放送を行おうとした際，最初の局のスタッフは1人を残して全員去り，そのため「はっと FM」では，緊急雇用創出事業で新たに3名の南三陸町出身者を雇用した。

南三陸町が「はっと FM」に局の運営を委託した背景として，当時，3,000人余りの南三陸町の被災者が登米市の仮設住宅で暮らしており，南三陸町に残っている住民と合わせてそうした避難した住民にも，町の復興に関する情報を伝えたいということがあった。そのため「はっと FM」では，「FM みなさん」と番組の編成を夜中の時間帯を除いて共通のものにして，毎日1時間，南三陸町の番組を生放送するとともに，他の時間帯でも多くの南三陸町の情報を伝えるコーナーを設けて放送した。

そして3年目について「はっと FM」では，南三陸町が町内に中継局を整備し，町内全域を放送エリアとしてカバーしてもらえるのなら放送を継続する意向であったが，町では防災無線を整備したことで，それ以外に臨時災害放送局の継続に必要なコスト負担をする判断には至らず，「FM みなさん」の放送は2013年3月末で終了することになる。津波で大きな被害を受けた東北3県の沿岸部で新たに誕生した臨時災害放送局としては，最初の閉局となった。

3．コミュニティFM 局を目指して

① コミュニティFM 局となった局

東日本大震災で津波の被害を受けた東北3県の沿岸部で開局した臨時災害放送局の内，2015年3月末までにコミュニティFM 局に移行したところは，岩手県宮古市の「みやこさいがいエフエム」（みやこハーバーラジオ），大船渡市の「おおふなとさいがいエフエム」（FM ねまらいん），宮城県名取市の「なとりさいがいエフエム」（なとらじ801）の3局である。他に宮城県気仙沼市の「けせんぬまさいがいエフエム」で，コミュニティFM 局への移行に向けた具体的な検討がなされている。

宮古市の「みやこハーバーラジオ」は，その母体となった「みやこコミュニティ放送研究会」がもともと2012年夏にコミュニティFM 局を立ち上げる予定で準備していた最中に震災が発生し，それまでの経験を活かして臨時災害放送局を立ち上げた。

宮古市では以前から『みやこわが町』（月刊）というタウン誌があり，編集長の橋本久夫によると，「コミュニティ放送が制度化された後の90年代後半から，タウン誌に続く地域メディアとして，有志の手でコミュニティFM 局を開局しようとする動きがあった」という。そして橋本が理事長を務める NPO 法人いわてマリンフィールドが，2006年8月から宮古市内のヨットハーバーにスタジオを設けてミニ FM の放送を行い，お祭り等のイベントがある時は，市の中心街で様々な人をゲストに招いて地域の話題について語る公開放送を行って，コミュニティFM 局の開局に向けた機運を高めていった。2010年8月に橋本を始めとする有志が集まって「みやここ

ミュニティ放送研究会」が誕生し，ここが2011年８月に宮古市で開催予定だった北東北インターハイの競技のイベント放送を行い，それを足掛かりにコミュニティFM局を開局する計画だった。

そんな中で震災が起きたため，急遽，臨時災害放送局を立ち上げることになった。MTS＆プランニングの協力を得て送信機等を無償提供され，またミキサー等のスタジオ機材はミニFMのものを使い，震災から８日後の３月19日に「みやこハーバーラジオ」は開局した。

開局時に放送がスタートしたことを伝えるため，チラシを作成して避難所で配布し，後に全国各地からラジオの受信機が局宛に送られてくるようになると，今度はそれを避難所で配布した。放送開始当初は学校の春休み期間中だったこともあり，地元の高校生や短大生を含む数十名の市民がボランティアで参加し，市内を手分けして回って震災後に再開した店舗や病院等の情報を足で集め，それを放送の中で伝えた。また当初は提供を受けた送信機がコミュニティ放送用の20Wの出力のものだったため，市内で最も被害の大きかった田老地区をカバーすることが出来ず，そのため2011年５月末に再送信局として「みやこたろうさいがいエフエム」を別途立ち上げた。

このように「みやこハーバーラジオ」は，津波の被害を受けた沿岸部で（既存のコミュニティFM局からの移行を別にして）新たに誕生した臨時災害放送局としては最も早く放送を開始し，初期の被災者へのライフライン関連の情報伝達が一段落した後は，地域を盛り上げる放送に取り組んだ。その中で改めてコミュニティFM局を目指すべく宮古市で総務省の「ICT地域のきずな再生・強化事業」に応募し，2012年５月に採択されて１億9,000万円の交付を受けることになり，これによって公設民営で放送に必要な設備を整備した。そして局の運営を担う「みやこコミュニティ放送研究会」では，発起人会を立ち上げて市内の多くの企業，団体，個人から出資を集め，2013年３月に資本金2,000万円でコミュニティFM局を運営する会社として宮古エフエム放送を設立した。

事業主体としてNPOではなく株式会社を選んだ理由として，及川育男代表取締役は，「今後，NPOが助成金や補助金の獲得が難しくなる中，継続して局を存続させていくためには，株主にコミュニティ放送が収益事業ではなく，地域の文化を育む社会貢献事業であることを理解してもらった上で，出資を得て会社組織にした方が，運営面で有利と判断した」という。そして2013年８月26日，コミュニティFM局「みやこハーバーラジオ」は開局した。

一方，宮古市と違って大船渡市の場合，もともと地元にラジオ局の運営のノウハウを持ったスタッフがいたわけではなく，震災後，岩手県奥州市のコミュニティFM局「奥州エフエム」からの提案を受けて，その支援のもとで３月28日に臨時災害放送局の「おおふなとさいがいエフエム」が開局した。放送に必要な機材はMTS＆プランニングから提供を受け，「奥州エフエム」のスタッフが技術指導した。開局時は地元で整体師をしていて職場を津波で流された佐藤健が，市役所から人づてに声がかかって夫妻で局のボランティアスタッフをすることになり，それに帰省中の学生１名が加わり，あと「奥州エフエム」のスタッフ１名の計４名で，１日４回の放送を行った。４月７日には隣接する同じ気仙地域の陸前高田市でも放送が聴けるよう中継局が開局し，陸前高田市向けの放送がスタートした。

その後，「おおふなとさいがいエフエム」には，「銀河連邦」という大船渡市が加盟する友好都市ネットワークの自治体のコミュニティFM局から，音源の提供を始め様々な支援が寄せられた。ボランティアスタッフは，誰でも受け入れたため4月時点で20名以上になったが，5月以降は絞り込んで，この中の4名を緊急雇用創出事業による臨時職員として雇用して局の運営体制を整えた。なお佐藤は臨時職員とならず，ボランティアで局の運営を統括した。

開局当初はこのような形で放送がスタートしたが，大船渡市では将来的にコミュニティFM局に移行して放送を継続する計画はなかった。だが2012年8月に誕生したNPO法人防災・市民メディア推進協議会が，臨時災害放送局の運営を引き継いでコミュニティFM局を目指すことになる。

この防災・市民メディア推進協議会の立ち上げの中心となった事業部門長の福山宏は，NTTPCコミュニケーションズの社員で，震災後，ICTを活用した被災地支援のCSR活動として，避難所間を無線で中継してWi-Fi環境での情報共有システムを構築する「つむぎプロジェクト」を企画し，様々な企業が参加するつむぎプロジェクト推進協議会を立ち上げるとともに，その活動拠点として大船渡市を選び，震災から1カ月近く経った2011年4月初めに大船渡に来た。ただその頃には携帯電話網の復旧が進んでいたため，新たにICTを活用した被災地支援活動として，最初に東北3県を対象にしたネットで検索可能な身元不明者の確認システムの構築や，学生ボランティアによる子どもの就学支援のための拠点づくり等に取り組んだ。

そして次に取り組んだのが，新たな防災システムとしての防災・市民メディアの構築だった。すなわち災害時しか稼働しない防災無線は，それを維持する自治体の負担が大きく，また今回の震災ではあまり有効に機能しなかったことから，むしろ日頃から市民に利用される防災機能を持った市民メディアを構築することを構想した。そして2011年11月に大船渡市の一部の仮設住宅で，パソコンや情報端末を通して防災情報を配信する実証実験を行ったが，この時は日頃そうした端末を利用しない高齢者の間で不評に終わった。その反省を踏まえて新たに企画されたのが，大船渡市の主要企業の協力を得て NPO を立ち上げ，高齢者にとってなじみのあるラジオ放送と，新たに立ち上げる地域 SNS を一体となって運営する防災・市民メディアである。

大船渡市では2012年度に総務省の補助事業として防災情報通信基盤整備事業を通した情報通信基盤の整備を目指すことになり，市では既にある防災無線システムに加えて新たなインフラの運用を自前で行うのではなく，公設民営方式による運用を希望した。そしてつむぎプロジェクト推進協議会では地元の主要企業の協力を得て，NPO 法人防災・市民メディア推進協議会を設立し，民間主導でその運用を行うことになった。運用主体を NPO 法人にしたのは，社会性のある事業を行うのに，企業よりも NPO の方が望ましいという判断による。

この防災・市民メディア推進協議会がコミュニティFM 局への移行の準備も進め，2013年 4 月 5 日にコミュニティFM 局「FM ねまらいん」が開局した。臨時災害放送局の時からのパーソナリティが継続して平日の朝，昼，夜のライブ放送を担当するとともに，それ以外の時間帯に20数名の市民パーソナリティがボランティアで放送を行っている。

②　コミュニティFM局への移行に向けて

「みやこハーバーラジオ」，「FM ねまらいん」とも地元商工会関係者の全面的な支援のもとで自治体の協力を得て，比較的スムーズに臨時災害放送局からコミュニティFM局へと移行したが，そうした状況になかった名取市の「なとらじ801」では，自治体との各種調整の問題等もあり，当初の見通しよりも大きく遅れた。また気仙沼市の「けせんぬまさいがいエフエム」でも，以前からコミュニティFM局への移行に向けた検討がなされているが，移行後の運営資金確保が課題となって，まだ移行には時間がかかる見通しである。

名取市で最初に臨時災害放送局を立ち上げる際に中心となったのは，地元出身の若生毅弘が代表取締役を務める番組制作会社「セットワールドクリエーション」である。若生は東日本大震災後の３月15日，名取市災害対策本部に連絡して臨時災害放送局の開局を申し出て，直ぐに必要な機材を用意して現地入りした。そして東京から来た若生を中心とした６名のメンバーと地元の３名の市民で準備を進め，４月７日に「なとらじ801」を開局した（放送開始は４月10日）。

当初，「なとらじ801」の運営は名取市からの委託料で「セットワールドクリエーション」が担当し，また日本財団からの助成金や企業等からの寄付を受けた。「なとらじ801」では，毎日午前８時から午後５時までの放送時間の中で番組枠を固定して同じ時間に安否情報，ライフライン情報等の重要な情報が伝わるようにし，また市の広報誌やマスコミ等で紹介されたこともあり，直ぐに多くの市民に局の存在が認知されるようになった。

だが放送を開始して２年目を迎え，市民に伝える震災関連情報が少なくなり，リスナーに継続してラジオを聴く習慣を持ってもらい，緊急時に多くの市民に有効な情報伝達が可能な防災メディアとして機能するためには，エンターテインメント性のある番組の放送を考えていかなければならなくなった。そうした中で将来のコミュニティFM局への移行を視野に，2012年7月に地元の市民が立ち上げたNPO法人エフエムなとりが，8月に局の運営を引き継ぐこととなった。

もともと名取市では，震災前に地元にコミュニティFM局を立ち上げようと活動していた市民グループがあり，こちらで隣接する仙台市太白区の「エフエムたいはく」で番組枠を持って放送を行っていたが，このメンバーが臨時災害放送局の開局に際して，市民スタッフとして参加することになり，局の運営母体となるNPOの立ち上げに関わった。開局から最初の1年4カ月余りは，プロが中心となって放送していたこともあり，震災や復興関連の情報を主に伝え，その合間を音楽で埋める番組編成だったが，NPOの運営になって市民が放送の担い手となってからは，地元の様々な人をゲストに招いて番組に出演してもらうとともに，スタッフが市内の復興商店街や文化会館で開催されるイベントに出かけて中継を行う等，より地域に密着したコミュニティFMに近い放送内容となった。

そして2013年10月にコミュニティFM局に移行することを前提に建てた新スタジオへ移り，出力を臨時災害放送局として許可された50Wからコミュニティ FM局が許可される20Wへ一足先に変更した。新スタジオは市民にオープンな場として，そこに集まった市民同士のつながりが自然に出来，放送を離れたところでも新たに地域を盛り上げる活動が生まれることが期待された。

こうした紆余曲折を経つつも，震災から4年後の2015年3月1日に「なとらじ801」はコミュニティFM局に移行した。

一方，気仙沼市では震災後，NPO法人気仙沼まちづくりセンターが隣接する登米市のコミュニティFM局「はっとFM」の支援を受けて，3月22日に「けせんぬまさいがいエフエム」を開局した（放送開始は3月23日）。

「はっとFM」の代表取締役兼局長の斉藤恵一は，震災後，地元での震災対応の合間を縫って津波でより大きな被害を受けた実家のある気仙沼市を訪れ，そこで被災した市民に震災関連情報を伝える臨時災害放送局の必要を感じ，市長に直接話をして了解を取り付け，「はっとFM」で持っていたバックアップ用機材を提供して立ち上げることが決定した。局の運営は漁業用無線機を取り扱う会社を経営する昆野龍紀が代表を務めるNPO法人気仙沼まちづくりセンターが行うことになり，開局前に気仙沼まちづくりセンターのスタッフ1名を「はっとFM」に招いてアナウンス研修が行われ，また開局当初は「はっとFM」からスタッフ1名が応援に行き，避難所に寝泊まりしながら放送を行った。

開局時には多くのマスメディアが取材に来たが，そこで各メディアにニュース内で周波数の告知を強く依頼したことで，多くの市民が局の存在を認知し，放送を軌道に乗せることが出来た。また総務省が臨時災害放送局の免許を従来の約2カ月から2年に延長した際，市長が2年間放送を続けることを明言したこともあり，「けせんぬまさいがいエフエム」では将来のコミュニティFMへの移行も視野に入れ，初期の市から提供された震災関連情報をアナウンサーが読んで伝えることが中心の放送から，市内に取材に出かけて携帯電話を使って中継，あるいは録音した素材をもとに放送する番組づくりへと放送の幅を広げていった。

そして2013年２月に気仙沼市で消防庁の「住民への災害情報伝達手段の多様化実証実験」が行われた際には，市の災害情報システムの中に「けせんぬまさいがいエフエム」も位置づけられ，今後，コミュニティFM局への移行が見込まれるが，そのために必要なスポンサーの確保が大きな課題として立ちふさがっている。

４．臨時災害放送局として放送を継続する局

現在，臨時災害放送局として放送している局の内，「けせんぬまさいがいエフエム」がコミュニティFM局への移行の道筋を検討しているのに対し，他の局はそうした目途が立っておらず，総務省では2015年度も希望する局には臨時災害放送局の免許を更新するため，今しばらくは臨時災害放送局としての放送を継続することになる。

宮城県山元町の「やまもとさいがいエフエム」（りんごラジオ），亘理町の「わたりさいがいエフエム」（FMあおぞら）は，いずれも新潟県長岡市のコミュニティFM局「FMながおか」の開局支援を受けて，震災から２週間経たずに開局しており，これはもともとコミュニティFM局開局に向けて準備が進んでいた宮古市や，隣接する登米市のコミュニティFM局からの開局支援を受けた気仙沼市のケースを除くと，津波で大きな被害を受けた沿岸部の被災地の中では，最も早く新たに誕生した局である。

この２局以外にも福島県南相馬市の「みなみそうまさいがいエフエム」（南相馬ひばりエフエム），南三陸町の「FMみなさん」等の支援を行った「FMながおか」は，2004年10月の新潟県中越地震の際，既存のコミュニティFM局として初めて臨時災害放送局となり，

出力アップして震災関連情報を市民に伝えた。また2007年の新潟県中越沖地震の時には，柏崎市のコミュニティFM局「FMピッカラ」が長岡市内に中継局を設置して放送するのをサポートした歴史を持つ。

「FMながおか」が「りんごラジオ」，「FMあおぞら」の開局支援を行うきっかけとなったのは，かつて2003年に隣接する山元町と亘理町とが合同でコミュニティFM局設立を目指して誕生した有志の会が，「災害とラジオ」をテーマに企画したシンポジウムのパネリストに，当時，日本コミュニティ放送協会の副会長をしていた「FMながおか」の代表取締役社長兼放送局長である脇屋雄介を招いたことによる。その後，必要な資金の調達目処が立たずにコミュニティFM局設立は見送られたが，設立準備のための有志の会の事務局長だった山元町在住の元東北放送アナウンサーの高橋厚は，脇屋の話を聴いて臨時災害放送局の存在を知った。

そして震災から1週間後の3月18日，電話がつながって脇屋と連絡のとれた高橋は，その場で臨時災害放送局開局のための協力を依頼され，脇谷の方では急ごしらえで制作したアンテナ，送信機，ミキサー，マイク等の機材を車に積んで山元町に向かい，20日夜に到着して，翌21日朝から組み立ててお昼に開局に漕ぎ着けた。

この時，以前に高橋の「話し方教室」で学んだことのある亘理町の主婦の吉田圭が山元町に避難しており，臨時災害放送局開局の様子を見て亘理町でも開局しようと，急遽，町の職員に働きかけた結果，22日に新潟に帰る予定だった脇屋のところに亘理町から相談の連絡があった。そして亘理町でも臨時災害放送局を立ち上げることになり，脇屋はまた長岡に戻って放送用機材をもう一式そろえて亘理町に引き返し，24日に「FM あおぞら」は開局した。

山元町の「りんごラジオ」（この名称は，高齢者に馴染み深い戦後の復興ソングである「りんごの唄」と町の特産品がりんごであることにちなんで命名された）は当初，町役場の１階に仮設スタジオを置き，かつて高橋が公民館の「話し方教室」で教えた時の受講生やその友達20名余りが参加し，午前７時から午後８時まで１日13時間の放送を行った。１日３回，午前９時，正午，午後５時にそれぞれ町役場に集約された震災関連の情報を伝えるとともに，その合間に独自に取材した地域のニュースやラジオ体操等の番組を流した。また町長，副町長，教育長等の行政の責任者が日替わりで出演して，最新の情報を語るとともに，復旧活動に取り組む自衛隊関係者やボランティア，そして小中学生を含む多くの地元の震災の当事者をゲストに招き，震災当日の体験を語ってもらう「語り継ぐ私の３月11日」等のコーナーを設けて放送を行った。放送を行っていく上で必要になった機材は，日本財団からの支援で整えた。

「りんごラジオ」は開局当初から様々なマスメディアで報道され，さらに５月からサイマルラジオでの番組配信が始まったこともあり，直ぐに地元の人たちにその存在が知られるようになった。だが５月のゴールデンウイーク明けに地元の企業や学校が再開して，多くのスタッフが仕事や学業に復帰するため局を離れ，開局から３カ月余り経った頃には，一時，スタッフは高橋を含めて２名となった時期もある。

そんな中で高橋は，行政からの情報を伝えるだけでなく，自ら出勤前に町内を車で回ってそこで会った人に話を聞き，その声を IC レコーダーで収録して，町の話題で使えるものについてはコメント

写真４－３　山元町で町役場の１階に仮設スタジオを設けて開局した「りんごラジオ」

を付けて紹介し，山元町に関する番組に特化するとともにすべての番組を自主制作するという原則を維持した。またラジオだけでなく，ブログやフェイスブック等のネットも活用し，山元町の内外に情報を伝える取り組みを行った。

こうしてなんとか１年目を乗り切った後は，緊急雇用創出事業で局のスタッフを雇用して，安定した放送が行えるようになった。そして一時は町で公設民営方式でのコミュニティFM局としての存続を検討したこともあったが，「年間1,500万円余りの緊急雇用創出事業の交付金がなくなれば，町内にスポンサーとなる企業が存在しないため，その費用を代わりに山元町が被災者の税金で賄うことになり，そうした将来に向けた負担を残してまで局を存続されるよりも，いったん終了して，また大規模災害が発生した際には，今回の経験をもとに速やかに臨時災害放送局を立ち上げられるようにした方がよい」（高橋）という判断に至った。

そのため「りんごラジオ」は，山元町で災害公営住宅が整備されて仮設住宅で暮らす被災者が移り住む震災５年後の2015年度末，あるいはJR常磐線の山元町を通る浜吉田－相馬間のルートが復旧して運行が再開される震災６年後の2016年度末を目処に，その役割を終えて放送を終了する予定である。

一方，亘理町の「FMあおぞら」も，被災した町役場に代わって建てられた仮設のプレハブ庁舎１階にスタジオを置き，吉田圭，及び一緒に地元で朗読ボランティア活動をしていた西垣裕子の２人を中心とした15名程の主婦仲間のボランティアで，午前７時から午後７時まで１日12時間の放送がスタートした。開局時はたえず更新される震災関連情報を１時間おきに生放送で伝え，余った時間で音楽を流した。そしてスタッフは「FMあおぞら」宛に全国各地から届いたラジオを避難所に届けるとともに，臨時災害放送局の放送が行われていることを伝えるポスターを貼り出した。

「FMあおぞら」では当初，電話がなかったこともあり，局に集まる震災関連情報を確認するため，町民が直接訪ねてくることも少なくなかった。その際にスタッフは個別対応し，場合によっては逆にそのまま番組に出演してもらって，その町民の周辺の様子について放送を通して語ってもらった。また町長を始めとする行政関係者を招いて復興に向けた取り組みについて語ってもらったり，局のスタッフが学校や町内で開催される様々なイベントに出かけ，そこで収録した小中学生を含む様々な町民の声を放送したりした。日本財団や中央共同募金会の赤い羽根「災害ボランティア・NPO活動サポート募金」からの助成金で，放送に必要な機材も徐々に整備し，また2012年２月にスタジオが駅前の郷土資料館に移転し，放送ブースがガラス張りで外から見えるようになり，局の存在は町民に広く認知されるようになった。

現在，「FM あおぞら」では初期の震災関連情報の伝達から，復興に向けて新たなコミュニティを育む放送を目指しているが，山元町同様，コミュニティFM 局への移行の見通しは立っていない状態である。

5．後発の臨時災害放送局では

「りんごラジオ」，「FM あおぞら」は，「FM ながおか」の支援を受けて震災から2週間も経たずに開局したが，一方，津波で中心市街地の大半が流され，市庁舎も壊滅する大きな被害を被った岩手県陸前高田市と大槌町では，他の被災地と比べて復旧が大幅に遅れ，臨時災害放送局の開局もかなり後にずれ込んだ。

陸前高田市では，首都圏在住の出身者が集まる在京陸前高田人会の主要メンバーが中心となり，陸前高田市への支援活動を展開しようとしていたSAVE TAKATA を始めとする諸団体と協力し，相互に連携するための連絡協議会として2011年4月に Aid TAKATA を立ち上げた（同年8月に NPO 法人化）。そしてこのメンバーが5月に陸前高田市を訪れて市の職員と話し合う中，臨時災害放送局を開局する計画が生まれた。

この時，既に隣接する大船渡市の「おおふなとさいがいエフエム」から陸前高田市向けに放送が行われていたが，これは陸前高田市が提供するニュース原稿を渡して読んでもらう形の放送だった。Aid TAKATA では地元の市民が自立して独自の放送を行うことにこだわり，臨時災害放送局の運営を市から全権委託されることにつ

写真４－４　陸前高田市を襲った津波の後で残った「希望の一本松」

いての了解を得て，開局に向けた準備にとりかかった。

６月に市の広報を通して局のスタッフを募集し，採用が決まった７名のメンバーをNPOで雇用した。全員，ラジオ放送について経験がなかったため，７月，８月は「おおふなとさいがいエフエム」に派遣して訓練を受けた。

Aid TAKATAでは当初，秋頃の開局を予定していたが，放送機材の提供等の支援を行ったNPO法人BHNテレコム支援協議会で，震災にともなう臨時災害放送局の開局ラッシュにより国内の送信機の在庫がなくなり，新たに海外から取り寄せたため，「りくぜんたかたさいがいエフエム」の開局は2011年12月となった。

震災から９カ月経った後に開局したため，行政からの震災関連情報を伝える臨時災害放送局本来の役割は少なく，代わりに地域コミュニティの復興に向けた番組の提供が大きな課題となった。そうした中，「りくぜんたかたさいがいエフエム」では，新たに開店した店舗や地域で開催されるイベント等，仮設住宅に移った市民が日常生活の中で必要な情報を伝えるとともに，地域の交流を活発にするため，市長から一般の市民まで様々な人に番組にゲスト出演してもらうよう努めた。また局のスタッフが市内各地に出かけ，多くの市民の声を収録して放送した。

このように放送がスタートしてから3年余り経ったが，市からの資金面での支援はなく，開局に際して日本財団からの助成金を受けた後は，Aid TAKATA 自身による復興支援グッズや御当地キャラクターグッズの販売事業等からの収益と寄付で賄っている。地元にスポンサーとなる企業がないため，将来的なコミュニティFM局への移行は難しい状態である。

この「りくぜんたかたさいがいエフエム」よりもさらに遅れて2012年3月に開局した大槌町の「おおつちさいがいエフエム」は，震災前から大槌町で地域づくりに取り組んできたNPO法人まちづくり・ぐるっとおおつちが運営している。震災後，ぐるっとおおつちでは被災者の生活再建を支援する活動を展開する中，宮城県南三陸町の「FMみなさん」や後述する福島県南相馬市の「南相馬ひばりエフエム」等の開局支援を行った神戸市のコミュニティFM局の「FMわぃわぃ」から，臨時災害放送局の立ち上げを勧められ，他に町内で引き受ける団体がなかったことからぐるっとおおつちで引き受けることになった。

こちらも「りくぜんたかたさいがいエフエム」同様，2011年秋頃の開局を予定していたが，町役場が津波で流されて多くの職員が亡くなり，町からの支援がほとんど得られない中で開局に向けた準備は大幅に遅れた。だが「FMわぃわぃ」でパーソナリティをしていた清水章代を応援スタッフに迎えるとともに町民スタッフの研修を行い，またBHNテレコム支援協議会から放送機材の提供を受けて，震災から１年後の３月末に開局に漕ぎつけた。

「おおつちさいがいエフエム」は当初，大槌町中央公民館に置かれる予定だったが，もともとNHKラジオの電波も入りにくく，あまりラジオを聴く習慣のない地域だったため，まず多くの町民にその存在を知ってもらい，また気軽に訪ねることが出来るよう，地元のショッピングセンターの協力を得てその２階に入居した。開局当初は朝８時から夜８時までの１日12時間の放送でスタートし，この内，朝９時と夕方４時から１時間の生放送を行った。局のスタッフは，全員がパーソナリティからミキサーまでの仕事をこなし，生放送の合間には取材に出かけ，多くの町民の声を拾った。「りくぜんたかたさいがいエフエム」のように，開局当初から地域コミュニティの復興が放送の主要な目的となり，そのため復興に取り組む町

写真４－５　ショッピングセンターの中に開局した
大槌町の「おおつちさいがいエフエム」

の職員やNPO／NGO関係者をゲストに招いて話を聞くとともに，仮設商店街等で開催される各種イベント等を収録して放送した。

ただ「おおつちさいがいエフエム」も，局の運営は開局時に日本財団からの助成金を受け，緊急雇用創出事業でスタッフの人件費を賄っているものの，後はNPO法人遠野まごころネット等からの支援でなんとか運営している状態で，将来的なコミュニティFM局への移行の見通しは立っていない。

6．原発事故の被災地の局では

①　復興の見通しが立たない中での放送の継続

津波で大きな被害を受けた陸前高田市や大槌町では，臨時災害放送局の開局が他の地域から大幅に遅れたものの，「復興」をテーマに放送がスタートしたが，福島原発事故で避難区域等の指定を受けた福島県の自治体では，明確な「復興」の見通しがない中で臨時災害放送局による放送がスタートした。

福島原発事故後，警戒区域，計画的避難区域，緊急時避難準備区域，特定避難勧奨地点とそれ以外の地域に分断された福島県南相馬市では，震災から約1カ月後の2011年4月15日に臨時災害放送局「みなみそうまさいがいエフエム」（南相馬ひばりエフエム）が開局した（放送開始は4月16日）。運営主体は，市の中央に位置する原町区の栄町商店街振興組合である。

南相馬市では原発事故で多くの市民が一時的に市外へ避難し，その後，3月末から4月上旬にかけて避難した市民が徐々に帰還する中，市役所では多くの市民に必要な情報を伝えるべく，当時，他の被災地で続々と開局しつつあった臨時災害放送局を，日本財団からの助成金で必要な機材を調達して開局しようとした。その際に参考にしたのが，以前，栄町商店街で商店街活性化のために行ったミニFM局の経験である。かつてミニFM局でパーソナリティとして放送を行ったことのある市民がボランティアで，市の収集した震災関連情報の原稿を，1日3回，1回につき1時間程度かけて読み上げる形でスタートした。

その後，日本国際ボランティアセンター（JVC），神戸市の「FMわぃわぃ」，新潟県長岡市の「FMながおか」等からの支援やアドバイスを受け，当初のボランティアによる運営から緊急雇用創出事業による市の臨時職員による運営に移行した2011年7月頃までには，放送のスタイルもラジオ番組らしくなった。市外に避難した人たちに聴いてもらうためのサイマルラジオでの全国放送も，同年6月にスタートした。

「南相馬ひばりFM」の臨時職員はハローワークの求人で募集したが，チーフスタッフの今野聡によると，今野自身も含めて応募した20代から60代までの9名のスタッフ全員が未経験者で，「パーソナリティ，取材・制作，機材等の個々のスタッフの役割分担は分かれているが，緊急時の対応を考え全員がすべての作業をこなせるよう，支援に入ったFMわぃわぃ等によるワークショップ等を通して，一通りのスキルやノウハウについて学んだ」という。

「南相馬ひばりエフエム」では開局から今日に至るまで，朝，昼，夕方の1日3回，約1時間の生放送を行っており，当初放送していた支援物資の配布等のニュースは震災から時が経つにつれてなくなったが，「放射能問題は継続して市民の重要な関心事となっており，除染や内部被ばく検査の実施等に関するニュースは伝え続けて

写真４－６　南相馬市小高区と浪江町との間の検問

いる」（今野）という。また市では独自に毎日，環境放射線モニタリングを実施しており，当初はその結果を１日３回の生放送の中で読み上げていたが，2012年４月に市南部の小高区の警戒区域が再編され，モニタリング場所が79箇所から129箇所に増えたため，別枠でその時間を設け，毎朝読み上げたものを昼と夜に録音放送している。

こうした深刻な放射能問題を抱える中，「南相馬ひばりエフエム」では放送の際に注意すべきこととして，「原発事故後，南相馬市から避難した人，避難せずに留まった人，それぞれの置かれた状況は様々で，現在の放射能汚染についても多様な考え方があり，そうした個々人の立場や判断を尊重して，放送の中では安易に避難している人への帰還を呼びかけない」（今野）という。また放射能問題や市の復興に向けた取り組みに関する情報を伝えるだけでなく，南相馬市で暮らす人々の様々な日常を伝えるため，取材先での様々な市民へのインタビューやスタジオに招いてのトークに力を入れている。「震災から数カ月経つ頃には，他のマスメディアやネットメディアから自由に震災関連情報が入手出来るようになり，そうした中での局の役割として行政からの情報を伝えるよりも，市民の声を丹念に拾って紹介することで，放送を通して様々なストーリーを抱えた市民の連帯を形成し，復興に向けたコミュニティの絆を育むことではないかと考えるようになった」（今野）という。そのため「局に届く市民からの様々な市政や復興に対する問い合わせについて，局の側で市に取材して確認し，番組の中で丁重に返事をしている」（今野）とのことだ。

このように原発事故による放射能問題を抱えた南相馬市では，復興のプロセスが他の津波の被害を受けた被災地と比べてもより長期化することが想定される中，「南相馬ひばりエフエム」ではその運営母体のNPO法人化を含め，地域コミュニティに支えられて長期的に放送を継続する仕組みづくりを模索しているが，将来的な見通しは立っていない状態である。

② 避難先の自治体での開局

南相馬市は原発事故で市内が複数の避難区域に分断されたが，より原発に近い双葉郡の富岡町では，原発事故で全町避難することになり，役場機能は県内の郡山市に移転した。この富岡町，及び同じ双葉郡の川内村の避難先となったのが，第2章でも述べた多目的ホールのビッグパレットふくしまで，この避難所に避難した人たちの各種サポートをした富岡町と川内村の社会福祉協議会のスタッフによるビッグパレットふくしま生活支援ボランティアセンター（おだがいさまセンター）が，避難している被災者に必要な震災関連情報を提供するため立ち上げたのが，ミニコミのところで紹介した情報誌『みでやっぺ！』と，あと避難所で放送を行うミニFM局である。

ビッグパレットふくしま避難所県庁運営支援チーム責任者の天野和彦は，県から派遣されて2011年4月に来た時，そこに届けられた支援物資の中にラジオが多数あるのを見て，これを有効に活用するため，たまたまビッグパレットふくしまを訪れた県域局の「ふくしまFM」の契約ディレクターだった古賀徹に，ビッグパレットふくしま内でのミニFM局開局の話を持ち掛けた。そして古賀の方で検討して，5月頭にミニFM局立ち上げが決定した。

ミニFM局の「おだがいさまFM」は，5月27日に開局してからしばらくの間，古賀とその周辺の「ふくしまFM」関係のプロのスタッフで放送を行い，また放送を聴く側も，多くのリスナーがラジオを持っているのにもかかわらず，放送しているスペースの周辺に椅子を持ってきて掛け，トークイベントのギャラリーのように対面で放送を聴いた。そうした中，富岡町社会福祉協議会の吉田恵子によると，「放送する側が富岡町や川内村のことを知らないため，新たに入ってくる震災関連の情報を伝える以外，徐々に話すことがなくなり，また対面のリスナーと話が通じないことも少なからずあった」という。そのため6月に入ると，吉田を始めとする富岡町や川内村の出身者が，番組に招かれて話をするようになった。

もともと「おだがいさまセンター」を立ち上げた目的が，避難所で暮らす被災者に生きがいや希望を持ってもらうことだったため，そこで誕生したミニFM局の「おだがいさまFM」は，他の臨時災害放送局のように地域の様々な被災者に震災関連や生活関連の情報を伝えることを主目的とするよりも，むしろビッグパレットふくしまという避難所で暮らす被災者をいかに元気づけるかという方向へ，放送開始からすぐに路線を変更していった。

「おだがいさまFM」は開局からビッグパレットふくしまの避難所が閉鎖される前日の8月30日までの間，朝7時から夜9時まで放送されたが，最後の頃には多くの被災者や全国各地から来ていたボランティアの人たちが放送に参加するようになった。またこのミニFMでの放送はビッグパレットふくしまの中でしか聴けなかったため，「避難している人たちには6月末に仮設住宅の鍵が渡され，7月から多くの人が引っ越したが，引っ越し後もラジオの放送が気になり，わざわざ放送を聴きに通ってくる人もいた」（吉田）という。

2011年8月31日にビッグパレットふくしまの避難所が閉所となり，川内村社会福祉協議会は9月5日に別の場所に移ったため，ビッグパレットふくしまに残った「おだがいさまセンター」は，富岡町社会福祉協議会が単独で運営することとなった。吉田は仮設住宅に移った富岡町の人たちから，ラジオ放送再開を希望する声を聞く中，臨時災害放送局というものがあるのを知り，総務省の東北総合通信局に問い合わせた。被災地でなく避難先での開局となるため前例がないことから，最初は回答を保留されたが，吉田の方で粘り強く交渉し，最終的に了解を得ることが出来た。

そして11月に「おだがいさまセンター」が，富岡町の町民が移り住んだ郡山市内の仮設住宅内の敷地に新たに建てられる高齢者サポート拠点に移転することが決まった際，その施設の間取りにラジオのスタジオのスペースを設けることにして，免許申請した。震災から日が経っていることもあり，電話１本で開局というわけにはいかず，必要な書類作成や設備・機材の整備はNHKアイテックに依頼した。開局に必要な費用は，日本財団や福島県からの助成金で賄い，震災から１年後の2012年３月11日，臨時災害放送局の「とみおかさいがいエフエム」（おだがいさまFM）は開局した。

開局後，ミニFM局時代の放送に関わっていた古賀を含む２人のプロのスタッフが，2012年度の１年間，福島県の「絆づくり応援事業」で県が委託契約した担当事業者から派遣される形で来て局の運営をサポートしたが，その後は吉田を中心に元ボランティアのスタッフ等で放送している。電波の届く郡山市だけでなく，富岡町から全国各地に避難した世帯も，タブレット端末が配布されてサイマルラジオで「おだがいさまFM」の放送が聴けるようになっており，吉田は「こうした富岡町民のためのラジオにこだわり，今後とも継続して放送を続けていきたい」という。

7．県域局による臨時災害放送局との連携

この章ではこれまで震災後，津波で大きな被害を受けた東北３県の沿岸部を中心に新たに誕生した臨時災害放送局について見てきたが，こうした臨時災害放送局と連携した県域局の取り組みについても紹介したい。

岩手県を放送エリアとするラテ兼営局のIBC岩手放送では，震災後の2012年８月，社内で震災復興関連情報の一元化を図るとともに，それを被災地の復興に向けて発信するため，従来の縦割り組織から独立した社長直轄のセクションとして，IBC復興支援室を設けた（他に同じ岩手県内のテレビ岩手でも，同様の組織として24時間テレ

ビ復興支援センターが設置されている）。

復興支援室事務局長（兼放送本部編成局次長兼ラジオ放送部長）の姉帯俊之によると，構成メンバーは担当役員，事務局長の姉帯，沿岸部の釜石市にある東部支社の支社長の３名で，ここがヘッドとなり，他に営業や総務も含む各部署で復興支援プロジェクトに関わるメンバーが８名いて，それぞれの部署に独自に入って来た情報を，ニュース記事や写真の形で復興支援室に届ける。復興支援室ではこれを編集し，社内でテレビ，ラジオの番組制作のために共有するだけでなく，IBC のサイト内の「復興支援室だより」のコーナーや Facebook で，県の内外に向けて可能な限り速やかに発信している。また配布用に「IBC 復興支援室だより」のような紙媒体も発行している。IBC では部署間異動で各部署に報道経験者がおり，そうした報道以外の部署からも様々な情報が復興支援室に寄せられた。

IBC が復興支援室のような組織を立ち上げた背景には，ラテ兼営局として AM ラジオとテレビという異なるタイプの放送メディアを持ち，また県紙の岩手日報と会社設立時からのパートナーシップ関係で，様々な情報が地元新聞社からも入って来るという事情がある。IBC では震災後，テレビは一部のローカル枠を除いて系列の JNN を経由して放送されたが，ラジオはネットを離れて自由に放送出来たため，局に入って来た情報を生放送でリアルタイムに伝えた。「こうした複数の情報収集ルートとメディアを持っていたことで，入手した情報を最も有効な手段とタイミングで発信していくことの重要性を感じた」（姉帯）という。

震災後の IBC の取り組みについて振り返ると，最初に重視して取り組んだのが，沿岸部の津波の被災地を中心に被災者に必要な安否関連の情報を，ラジオを通して伝えることだった。だが当時，沿岸部の山田町ではIBCラジオの放送が聴取困難だったため，急遽，震災から6日後に臨時災害放送局のIBC山田臨時ラジオを立ち上げ，放送をFMで中継した。また震災2カ月後の2011年5月から翌年3月までIBCラジオの放送は，IPサイマルラジオサービスを行うradikoの復興支援サイト「radiko.jp復興支援プロジェクト」を通してエリア制限なしに全国配信され，沿岸部の津波の被災地から県外に避難した人達に，被災地の最新情報を伝えた。

震災から時間が経つにつれ，放送の中で初期の頃の被災状況に関する情報は徐々に減少し，代わりに復旧や復興に関する情報が求められるようになった。IBCでは復興支援のため，復興に向けて様々な取り組みをしている人を紹介するとともに，仮設住宅で暮らす被災者の抱える問題について伝えることに務めた。特に自社制作率の高いIBCラジオでは，局アナが沿岸部の被災地に出かけて行き，現地から数時間通しで地元の人をゲストに招いて中継することを行った。

そしてもうひとつIBCが行った重要な取り組みとして，2012年5月に宮古市，大槌町，陸前高田市等の沿岸部の臨時災害放送局が県の補助事業を活用して設立したいわて災害コミュニティメディア連携・連絡協議会に参加し，臨時災害放送局の放送をスタッフの研修を含めてサポートするとともに，IBCが開催するイベント「IBCまつり」の会場での各臨時災害放送局を紹介するイベントFM局の開局，さらには双方の回線をつないでMCをIBC側，リポーターを臨時災害放送局側で出す形で，被災地から多くのレギュラー番組や特別番組を共同制作して放送してきたことがある。

もともと岩手県では震災前の2010年8月に，NHK を含む県域のFM 局，AM 局，そして一部のコミュニティFM 局が共同で，各局のアナウンサーによる防災一口メモ等を参加したすべての局で放送する「いわて防災ラジオプロジェクト」を行っており，「県域局と県内の各自治体を放送エリアとするラジオ局とが相互に協力することについては，こうした歴史もあって敷居が低かった」（姉帯）という。

現在，毎週水曜日にIBC が沿岸部の被災地の局と中継で放送している「さんりく元気ラジオ」には，現在，コミュニティFM 局に移行した宮古市の「みやこハーバーラジオ」や大船渡市の「FM ねまらいん」も参加している。沿岸部の臨時災害放送局やコミュニティFM 局にとって，震災後，放送エリア外の内陸部に移り住んだ住民に，サイマル放送と併せて定期的に番組を届け，復興の様子を伝えることが出来るという点で，大きな意味を持っている。

注）

1）日本財団では臨時災害放送局の免許主体である自治体に対し，既存のコミュニティFM 局を臨時災害放送局に切り替えた場合，開局補助金として20万円，そして開局日から最大4カ月間，運営補助金として毎月200万円の支援を行い，またボランティアやセミプロの人たちの協力による新規開局の場合，開局補助金として50万円，そして開局日から最大4カ月間，運営補助金として毎月150万円の支援を行った。「ほほえみ」，「ラジオ石巻」の場合，前者に該当するため820万円の支援を受けた。

2）「ＦＭみなさん」は，2013年4月に公開されたドキュメンタリー映画『ガレキとラジオ』で紹介され（また朝日新聞が映画の中で「やらせ」があったという報道を行ったことで），多くの人にその存在が知られるようになったが，ただこの映画自体が撮影されたのが主に震災の当年度で，そこではここで取り上げた臨時災害放送局の役割をめぐる自治体と運営サイドの考え方の相違から閉局に至る経緯について，充分に描かれていない。この問題については，宗田勝也(2014)「南三陸災害エフエム（FM みなさん）」災害とコミュニティラジオ研究会編『小さなラジオ局とコミュニティの再生』（大隅書店，92-102ページ）で，開局支援に携わった側の視点から語られている。

第5章

被災地のCATV，エリア放送

1．被災したCATV局の取り組み

東日本大震災で津波の被害を受けた沿岸部の被災地では，第4章で見たように既存のコミュニティFM局からの移行も含め，臨時災害放送局のラジオ放送が被災者に必要な情報を伝えるのに大きな役割を担った。一方，有線の伝送路に依拠したCATV局では，津波でCATV網が切断され，特に局舎も含めて被害の大きかった岩手県釜石市の三陸ブロードネット（SBN）と宮城県気仙沼市の気仙沼ケーブルネットワーク（K-NET）では，放送再開まで長期の時間を要し，震災直後の被災者に向けた情報の伝達面で，他の紙媒体やラジオのように有効に機能することが出来なかった。だがその後，CATV網が復旧して放送が再開される中，地域の復興に向けて，大きな役割を担おうとしている。

釜石市のSBNは，震災前に7,500近い加入世帯を抱えていたが，津波で局舎1階の事務所部分が流出し，2階にあったヘッドエンド装置は無事だったが，その後の停電や伝送路の半分近くが流出したことでしばらく放送出来なくなり，また放送エリア内の多くの家屋が損壊して転出した人も多く，震災から2年後の2013年3月末時点で，加入世帯数は4,000余りに減少している。

SBNでは震災後，内陸部の建物の1室を借りてそこにヘッドエンド装置を移し，2週間経った3月25日に700世帯余りに地上波放送の再送信のみ再開した。そして復旧工事を進め，4月10日には2,800世帯に地上波放送を再送信するとともに，自主放送（コミュニティチャンネル）の「かもめチャンネル」を再開した。その後，伝送路の流出を免れたエリア全域で放送を再開したのは2011年8月だが，すべての地域で伝送路を復旧して放送を再開するのには，2012年12月までかかった。

この復旧までの期間，営業スタッフは営業活動が出来ず，代わりに復旧工事の現場での補助作業や顧客対応に取り組んだ。復旧には日本ケーブルテレビ連盟に加入する多くのCATV局から，機材の提供や人員の派遣等の支援を受けた。

また制作スタッフは震災直後から，道路が瓦礫で埋まってガソリンも不足して車が使えないので，徒歩で被災した市内の現場をまわり，その状況をカメラで記録した。そして震災から1カ月経って自主放送が再開した際には，電力不足でスタジオ収録が出来ないため，それまで撮った映像にナレーションを入れたニュース番組に編集して放送した。他に復興関連の様々な情報を，文字情報で流した。自主放送の再開にあたり，「釜石市内では津波で被災した地域としなかった地域があり，最初に放送を再開するのは津波の被害を直接受けなかった地域だが，ただそこでは震災による停電等で震災時の釜石市の被災状況がメディアを通して充分に伝わっていないケースもあり，まずすべての市民に津波で被災した市内各地域の状況について伝え，共有してもらうことに努めた」（武井鍛営業部課長）という。

震災後，SBNではインターネット事業を休止して限られたリソースをCATV事業に注力しており，放送の再開に関する情報や番組表は，フェイスブックと釜石市内の全戸に配布される復興釜石新聞で告知している。一時は2,000余りまで減った加入世帯数も徐々に回復し，「かもめチャンネル」では復興支援関連のCMも流れるようになった。

こうした中，今後の地域の復興に向けてCATV局が担っていく役割として，震災から年月が経って地上波で報道される機会が少なくなった釜石市の状況，特に行政やNPO／NGO等の様々な取り組みについて，市民に継続して伝えていくことを目指している。また震災初期に切断されて地域メディアとしての役割を担えなかったCATV網の脆弱さを踏まえ，2013年2月から3月にかけて釜石市で行われたエリアワンセグによる災害情報等の伝達の実証実験に協力しており，将来的にはCATVの番組をワンセグで配信する可能性についても検討されている。

一方，このSBN以上に津波で大きな被害を受けた気仙沼市のK-NETでは，震災前に8,000近い加入世帯を抱えていたが，津波で局舎は全壊し，市内の伝送路の半分が流失した。震災当日，社内に社員の半分がいたが，地震発生後，まず停電でヘッドエンド装置が動かなくなって放送がストップした。そのため地震発生時のマニュアルに従って，制作スタッフはカメラを持って災害関連情報が集まる市役所に向かい，残りのスタッフは津波のことを考慮し，全員，車で局舎から高台に避難したが，この判断によって社員の命が救われた。

津波で局舎が全壊した後，代表取締役専務の濱田智が所有してい

写真5－1　津波で被災した気仙沼市内

たアパートを事務所代わりに，社員は放送再開に向けて動き出した。会社として収入がゼロになったため，社員に給与を払うことが出来ず，そのため震災当月の3月末で（会社再建後に改めて雇用するという約束のもと）全社員は解雇となり，それ以降は失業給付をもらいながらのボランティアで復旧に向けて取り組むこととなった。

技術スタッフが中心となり，5月の連休明けまでに途中で切断されたCATV網の分岐点62カ所に仮設アンテナを取り付け，そこから先がつながっている世帯は地上波放送だけでも受信出来るようにした。また地元の地域紙の三陸新報やミニコミの『ふれあい交差点』等を通して，局舎が全壊して放送出来ないこと，復旧作業を行っていることを告知した。また制作スタッフは，震災直後から復興に向けた市民の姿を取材し，撮影した映像を自宅のパソコンで編集して『東日本大震災～3.11気仙沼の記録～』というDVDを制作し，2011年9月から販売した。これは1万3,000枚余り売れて，売上げは社員の給与を始めとする局の運営費に充てられた。

局のスタッフは，2011年6月にプレハブの仮設事務所を立ち上げ，日本ケーブルテレビ連盟に加入する多くのCATV局やメーカー等から放送機材や資金の支援を受ける中，放送再開に向けて準備を進めた。市の支援を得て10月に現在の場所にプレハブの仮設局舎を建て，ここにヘッドエンド装置を置いて，12月から一部の放送が再開された。自主放送（コミュニティチャンネル）の「みらいん（未来in）チャンネル」が再開されたのは，2012年1月末からである。

また津波で流出した伝送路については，2012年3月に総務省の情報通信基盤災害復旧事業費補助金の交付が決定し，公設民営（IRU契約方式）で復旧されることとなった。そして局の当面の運営資金についても，三菱商事復興支援財団と気仙沼信用金庫からの出資で目処が立った。

こうしてK-NETの放送は再開されたが，震災前の8,000近い加入世帯の内，約3,000世帯が津波で家屋を損壊し，その中の約1,000世帯は市外に転出，残りの約2,000世帯は仮設住宅に移り住んでいる。そのため再加入の対象となるのは津波で家屋を損壊していない約5,000世帯で，その半分はCATVの放送が視聴出来るようになるとすぐに加入したが，長い放送休止期間中に独自に自宅にアンテナを建てて放送を視聴している世帯も多く，震災前の加入世帯数にいつ戻るかはまだ見通しが立たない状態である。

なお再加入した市民の多くは，低価格のインターネットサービスを利用したい人たちとコミュニティチャンネルを観たい人たちである。というのも，気仙沼市には大学がなく，高校卒業後に進学する若者の多くは市を離れるため，いわゆる頻繁にネットで動画を観るような若い世代のヘビーユーザー層がほとんどおらず，ユーザーの多くが中高年世代で必要な時に利用出来ればよいため，NTTよりも低価格なCATVのインターネットサービスへのニーズが高い。

一方，コミュニティチャンネルの「みらいんチャンネル」は，震災前から地域に根差した街の様々な話題について市民を主役に伝えるチャンネルとして人気が高く，放送を再開してからも，復興に関する行政関連の情報を視聴者にわかりやすく伝えるとともに，震災後に再開した気仙沼みなとまつりのような行事を生中継する等，様々な復興に向けた取り組みについて積極的に紹介している。ただ震災で過去の放送番組のテープをすべて失い，震災前の気仙沼の映像を振り返って放送することが出来ず，過去の気仙沼の映像を独自に撮っている市民から素材の提供を受け，新たにアーカイブ構築をしようとしている。

震災後，数千人余りの市民が職場を失うなどして気仙沼市を離れたまま戻って来ない中，K-NETでは地域情報の伝達を核にした地域コミュニティでの人々の絆強化に取り組んでいる。

2．エリア放送の登場

①　CATVのない地域でのフルセグ放送

東日本大震災で津波の被害を受けた東北3県の沿岸部の被災地の内，もともと地元にコミュニティFM局やCATV局のような放送系の地域メディアが存在したところは少なく，岩手県では釜石市にCATV局，宮城県では石巻市，塩竈市，岩沼市にコミュニティFM局，気仙沼市，塩竈市，仙台市と利府町の一部にCATV局，福島県ではいわき市にコミュニティFM局があるだけだった。そして第

4章で紹介したように，震災後，こうした地域では多くの臨時災害放送局が開局し，ラジオを通して被災者に必要とする震災関連情報の伝達や復興に向けた放送が行われている。

だが一方，テレビの場合，有線の伝送路に依拠したCATVは，津波等でCATV網が切断されると，その復旧に長期間がかかり，大規模災害時に新たに立ち上げることも，ケーブルの敷設等に膨大な時間と費用がかかるため現実的ではない。そうした中で新たに地域コミュニティに必要な情報を伝えるメディアとして注目されたのが，いわゆるホワイトスペースと呼ばれる空いた周波数帯域を利用した地上デジタルテレビ放送（フルセグ）やワンセグ等のエリア放送である。

福島県南相馬市では，震災から4カ月後の2011年7月にフルセグ及びワンセグでエリア放送を行う実験試験局「みなみそうまチャンネル」が開局した。現在，市内で放送を行う以外にも，ネットでビデオオンデマンドによるテレビ向け映像配信を行うアクトビラの協力を得て，全国の南相馬市からの避難者に対しても，番組を配信している。

「みなみそうまチャンネル」誕生のきっかけとなったのは，震災後に南相馬市への支援活動を行っていた富山県南栃市の市長が，同市に支店のある放送システム開発会社のヨーズマーの社長とともに5月21日に南相馬市を訪れ，エリア放送の実施について提案をしたことである。そして南相馬市では，開局にともなう費用を国の予算で全額措置することが出来，また高齢者も含むすべての市民に必要な情報を発信出来ることから立ち上げに踏み切り，ヨーズマーに委託して免許申請等の必要な準備を進め，総務省や協賛企業の協力も得て２カ月後の７月20日に開局した。

放送エリアは当初，市役所と市北部の鹿島区にある鹿島生涯学習センターに設置したアンテナから半径１～２キロの範囲に限られていたが，９月１日からはネットによる映像配信事業を行っているアクトビラ等の協力を得て，北陸地域で震災後に南相馬から避難した市民を対象に，「みなみそうまチャンネル」をネット経由で視聴出来るようにした。さらに震災から１年後の2012年３月11日からは，エリアの制限を外して全国で視聴出来るようにした。その後，2013年２月に地上一般放送局へ移行するとともに，市内で地上波による受信が可能なエリアの拡大に向けてアンテナを増設する工事を進め，現在，市内の居住エリアの大半がカバーされた。

「みなみそうまチャンネル」の運営はヨーズマーが担当しており，開局時には毎週月曜日に１時間の番組を取材・制作して更新して，それを１週間，リピート放送した。番組の内容は，市内で開催される各種イベントを中心に，市長の会見，除染や復興状況を伝える映像で，データ放送部分では市の広報ニュースを配信している。復興チャンネルという位置づけで，震災から月日が経ってマスメディアで南相馬市が露出することが少なくなる中，全国に散らばった南相馬市からの避難者，そして仮設住宅への避難者に，復興に向けた取り組みを映像で伝えるとともに，市民以外に全国各地の多くの人にも，南相馬市の現状を正しく伝え，関心を持ってもらうことを放送の目的としている。

「みなみそうまチャンネル」では，番組制作や設備のメンテナンス等の運営費がかかるため，その財源を確保するための仕組みづくりが大きな課題となっている。2012年４月には，エリア放送を他の被災地の自治体に拡げるとともに，トータルで企業の広告を確保することを検討するため，東日本復興支援コンソーシアムが設立され，こちらで当初，南相馬市に続いて岩手県陸前高田市，宮城県女川町でのエリア放送を予定したが，その後，ワンセグでの実験は行われたものの，継続した放送は実現していない状況である。

② エリアワンセグの新たな可能性

自治体や大手企業による大規模なエリア放送とは別に，ワンセグに限れば桁違いに少ないコストで開局することが出来る。宮城県石巻市の石巻専修大学では，2012年8月6日に東北地方初の地上一般放送局として「いしのまきワンセグ」を開局した。

「いしのまきワンセグ」が誕生したのは，神奈川県川崎市多摩区にある専修大学生田キャンパス（ネットワーク情報学部）が，富士

写真5-2　東北初の地上一般放送局として「いしのまきワンセグ」を開局した石巻市の石巻専修大学

通の協力を得て2011年７月にホワイトスペースを利用したエリアワンセグ放送の実験局「かわさきワンセグ」を立ち上げて放送を行っており，この「かわさきワンセグ」の担当教員から開局を勧められたことによる。「かわさきワンセグ」では，地元のコミュニティFM局のかわさきエフエムと連携して，毎週火曜日の昼に30分間，「かわさきワンセグ キャンパスライブ」という情報番組を，ワンセグとラジオの双方で配信しており，「いしのまきワンセグ」でも同様に臨時災害放送局のいしのまきさいがいエフエム（ラジオ石巻）と連携して，毎週金曜日の昼に30分間，「いしのまきワンセグ キャンパスライブ」という情報番組の放送を，ワンセグとラジオで開始した。開局時には「かわさきワンセグ」，かわさきエフエムの関係者を石巻に招き，４局合同によるネットで結んでのライブ放送を行った。

「いしのまきワンセグ」では，開局時に大学でカメラ，ミキサー，スイッチャー等のスタジオの機材を揃えたものの，ほとんどの学生は操作の仕方がわからなかったが，ラジオ石巻のスタッフによるサポートを受けて徐々に必要なスキルを身に付けた。放送内容も最初は学内のニュースがメインだったが，その後，石巻市で活動する様々なNPO／NGO関係者をゲストに迎えて話を聞き，また学外に出かけて取材した映像を放送したりするようになった。毎週，学内のスタジオからライブ放送で配信することが基本だが，大学が長期の休みの時は，収録放送を行うこともある。

現在，「キャンパスライブ」はサイマル放送で石巻市の外でもライブで音声を聴くことが出来るが，映像も合わせて観ることの出来るワンセグでの視聴は，小電力電波の届く学内に限られる。「かわ

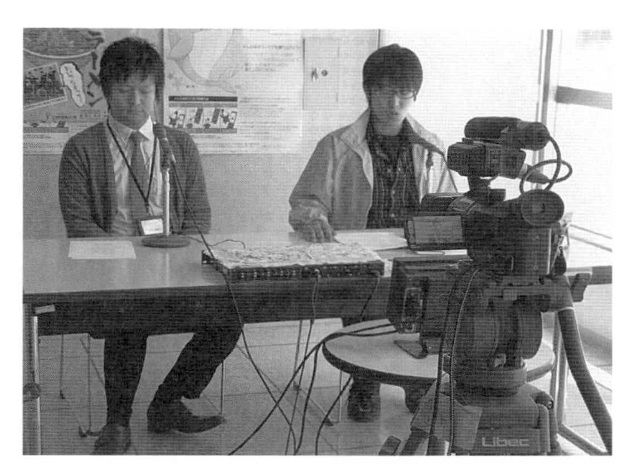

写真５－３　石巻市の「いしのまきワンセグ」の番組収録風景

さきワンセグ」では大学のある川崎市多摩区の区役所とネットでつなぎ，アトリウムにモニターを設置して区役所を訪れた市民が視聴出来るようにしており，「いしのまきワンセグ」でも，将来，市役所にモニターを置いて，学生によるワンセグ放送の存在を多くの市民に知ってもらうとともに，ワンセグ放送を活用して一緒に石巻市を盛り上げていきたいと希望している。

このようにエリアワンセグ放送は，コミュニティ放送よりも狭いエリアを対象にまだ実験段階の域を出ていないが，その分，手軽に放送を行うことが出来，またほとんどの人が常に持ち歩いている携帯電話を受信端末に，音声だけでなく映像を活用して情報を伝えることが出来るということは，新しい防災メディア，そして地域コミュニティのメディアとして大きな可能性を秘めている。当面，商業化は難しいため，「かわさきワンセグ」や「いしのまきワンセグ」は，大学を拠点にした学生たちによるコミュニティ放送局（あるいは臨時災害放送局）と連携した市民メディアとしてスタートした。

第 6 章

被災地の外から「3.11」を伝えた市民メディア

1.「3.11」を伝えた個人ブロガー

東日本大震災とその後の福島原発事故は，その16年前に起きた阪神・淡路大震災を上回る規模の被害と深刻な放射能問題をもたらし，テレビや新聞を始めとしたマスメディアによる様々な情報が，（被災してしばらくの間，マスメディアからの情報に接することの出来なかった被災地の人々を除く）全国各地の人々に届けられた。ただ阪神・淡路大震災の時と大きく状況が異なるのは，震災や原発事故についての情報を伝える主要なメディアがマスメディアだけではなく，ネットのソーシャルメディアのような市民が発信するメディアが，そこに加わったことである。

阪神・淡路大震災の時も，その直後にネットで情報を共有するため，慶應義塾大学の金子郁容教授を中心としたグループが，インターネットを経由して当時の大手商業パソコン通信ネットのPC-VAN，NIFTY-Serve，People をつなぎ，各パソコン通信の電子会議室に共通の情報環境を提供するインターVネットを構築している。だがそうしたネットによる震災関連情報の伝達は，決して大規模なものではなく，当時，その存在について知らなかった人が大多数だった。今回の震災とその後の原発事故では，ネットのソーシャルメディアを通して，必要とする情報を入手した人は相当な数になり，こうした市民メディアがマスメディアに次ぐ力を発揮したのが特徴である。特に震災初期の原発事故に関する情報が錯綜した時期に，大きな影響力を持ったのが個人ブロガーである。

震災前の2011年１月に誕生した自由報道協会（FPAJ）は，大手マスメディア以外の雑誌やネットメディアに所属，あるいはフリーで活動するジャーナリストが，公的な記者会見を独占しているマスメディアの記者クラブに対し，報道の多様性と自由な取材機会の保障を求め，その開放と自ら記者会見を代行して主催することを目的に設立された団体である。自由報道協会では震災以降，震災や原発事故に関連して様々なゲストを招いて，多くの記者会見を開催し，その内容は記者会見に参加した個人で活動するジャーナリストによって，雑誌やネットメディアを中心に報道されてきた。

また2009年の民主党政権誕生から震災までの期間，公的機関における記者会見のオープン化が徐々に進み，日本雑誌協会や日本インターネット報道協会等に所属するメディアや，これらのメディアに定期的に記事を提供しているフリーのジャーナリストが参加出来る記者会見も増えた。そして原発事故以降，東京電力，経済産業省原子力安全・保安院，原子力安全委員会等の記者会見が，個人で活動するジャーナリストによって報道され，記者会見の場での質問内容や記事の切り口も，しばしば既存のマスメディアにはない鋭いものとなった。

こうした震災や原発事故に関する記者会見の情報を，自らのブログとツイッターで最も多くの人に伝えた一人が，フリージャーナリストの田中龍作である。ジャーナリストとしての活動を生業とするプロだが，特定の商業メディアに活動の場を持たないという意味では市民ジャーナリストに近い立ち位置の田中は，「田中龍作ジャーナル」[1)]という自らのブログで，これまで「政府，東京電力等による原発事故情報の隠蔽」，「日本の原発推進の問題点」，「原発事故で様々な形で被害を受けた人々の現場からの声」といったテーマについて記事を書き，多くの読者を集めてきた。

もともと田中は，第1章でも紹介したインターネット新聞「Jan Jan」の編集スタッフを経てフリーとなり，雑誌等に記事を書く仕事をしながら，市民記者として「JanJan」に記事を書いてきた。だ

写真6－1　震災後に「田中龍作ジャーナル」で原発問題を追及した田中龍作

が雑誌の仕事が先細りとなる中，2009年６月から「田中龍作ジャーナル」を立ち上げ，「JanJan」へ投稿した記事と同じ内容のものをブログに掲載し，広告収入でフリージャーナリストとしての経済的な基盤を確保しようとした。

けれどもほとんど収入とならず，そして2010年３月末に「JanJan」自体が休刊する中，取材活動を継続していくために，一時は会員制による有料のメールマガジンへの移行も考えた。ただ，会員制にすると読者の数が何十分の１に減少することが予想され，これまで通り多くの人に記事を読んでもらうため，同年６月，当時は他に例のなかったブログの読者からの支援による取材活動のための基金を立ち上げた。

そして最初はご祝儀ということで，「JanJan」時代からの熱心な記事の読者を中心に，30万円余りのカンパが寄せられた。その後，読者からのカンパの額は一時落ち込むが，同年10月に「陸山会事件」を積極的に取材して記事にしたことで，１日あたりの訪問者数は，基金を立ち上げた当時の2,000人程度から，一挙に１万人を超えるまでになり，毎月のカンパも20万円以上に達するようになった。

田中自身，今のところこうした読者からの取材活動支援基金は，毎月のブログ上での会計報告で明らかにしているように，すべて取材活動のみに充てており，生活費は共働きのパートナーの収入に頼っている。とはいえ志のあるフリージャーナリスト（及びその予備軍）にとって，自分が本当に取材して書きたいことを書ける場が先細りになり，ネットメディアでのアフィリエイト等による収入も期待出来ない中，「田中龍作ジャーナル」の一応の成功（個人ブログに良い記事を書くことでカンパをする読者を獲得し，経済面で取材活動を中断せずに続けられていること）は，大きな希望につながるものだろう。

そして「田中龍作ジャーナル」は，2011年２月のエジプトの市民革命の取材の時点で，１日あたりの訪問者数が２万人を超え，さらに震災後の原発事故に関する連日の記者会見や被災現場からの記事で，１日５万人を超えるまでになった。そしてブログと並行してツイッターでも情報発信しているが，こちらのフォロワーも震災後に２万人を上回り，2015年には，７万人近い数にまでなっている。

一般にブログのRSSフィード登録者，あるいはツイッターのフォロワーが１万人を超えると，アルファブロガー，あるいはアルファツイッターとして認知されることから，震災が起きて以降の田中のブログとツイッターを通したネット上での影響力は，かなり大きなものと言える。そしてその背景として，震災後のマスメディアによる原発問題に関する記者会見での質疑応答や報道に対し，相当な数の視聴者が納得しておらず，そのため田中を始めとするネットメディアや雑誌を舞台に個人で活動するジャーナリストの発信する情報を，ウオッチしていることが指摘されよう。

ここでは個人ブロガーとして田中を例に取り上げたが，「3.11」以降，震災や原発事故に関連した情報伝達において，重要な役割を果たした個人ブロガーは他にも数多くいる[2)]。

田中と同じフリーライターの岩本太郎は，2012年６月からほぼ毎週金曜日にビデオカメラ片手に首相官邸前を訪れ，そこで首都圏反原発連合（反原連）が主催するデモに集まる市民の様子を，スマートフォンでネットにつないで自分のブログ内でユーストリーム中継する活動をスタートし，今日に至るまで継続している。こうした既存のマスメディアがほとんど報道しない情報を，個人ブロガーがカバーして伝えていることの意味は大きい[3)]。

2．「3.11」を伝えた市民映像

①　CATV，衛星放送での「3.11」の市民映像の配信

被災地の外から「3.11」を伝えた市民メディアは，ネットのソーシャルメディアだけでなく，震災後，被災地に入った市民によっても多くの映像が撮られた。2011年10月に開催された山形国際ドキュメンタリー映画祭では，東日本大震災復興支援上映プロジェクト「ともにある Cinema with Us」というプログラムが設けられ，ここでは映像制作を生業としない市民による震災をテーマに制作した作品が，何本か上映された。またソネットエンタテインメントに勤める小西晴子は，2011年８月からプライベートにビデオカメラを持って岩手県大槌町に通い，そこで出会った人たちとコミュニケーションを深めながらカメラを回す中，2012年末に国が進める巨大防潮堤整備計画に反対する赤浜地区の住民の姿を映画にしようと勤務先を説得して，ソネットエンタテインメントが配給する初監督作品『赤浜ロックンロール』の制作に取り組むことになった。そして完成した作品は，2015年５月に公開された。

こうした本格的なドキュメンタリー作品以外にも，多数の比較的短い尺の市民映像が制作され，そうした作品の上映の場として，自主映像の普及・流通プロジェクトであるビデオアクトでは2011年10月に，「3.11」をテーマにした３分11秒以内の応募映像を無審査ですべて上映する上映会を行っている[4)]。また2011年度には，CATVや衛星放送を中心とした放送局の協力を得て，そこで市民（団体）

が制作，あるいは制作協力した映像を放送する取り組みも，いくつか行われた。

首都圏を中心に多くのCATV局を統括運営するJ：COMでは，震災の被災者・避難者への支援活動に関わる諸団体が立ち上げた東日本大震災支援全国ネットワーク（JCN）と協働で，2011年8月から2012年2月までの期間，復興支援のボランティア活動を紹介する「週刊ボランティア情報　みんなのチカラ」を放送した。また支援活動団体が独自にその活動を放送映像で伝えることを目的に集まって立ち上げた「いま私たち市民にできること」プロジェクトでは，日本BS放送（BS11ch）からパブリックアクセス番組枠を提供され，2011年4月から2012年3月までの1年間，被災地支援に関わる番組を市民が独自に制作して放送した。[5)]

そしてこうした被災地支援団体による市民映像以外に，映像制作

写真6－2　南相馬市の原町高校放送部の『原発30km圏内からの報告』の制作をサポートした顧問の鈴木千尋先生

のスキルを学んだ高校生や大学生による被災地を伝える映像も制作された。被災地の高校生が制作した映像としては，NHKの「クローズアップ現代」で全国放送されて大きな話題となったものに，福島県南相馬市の原町高校放送部の生徒たちが原発事故に直面した自分たちの家族や学校の様子を撮った『原発30㎞圏内からの報告』がある。だが震災の被害の大きかった沿岸部の被災地で，原町高校を含むいくつかの高校の放送部を除くと，本格的な映像制作に取り組んでいる教育機関はなく，被災地の外から被災地に入った学生による多くの映像が，CATV等で放送されるとともに，様々な上映会の場で上映された。

東海大学[6)]，法政大学[7)]，武蔵大学[8)]等，大学のゼミやプロジェクト単位で被災地を定期的に訪れ，取材した映像をCATVやネットで配信する活動や，映像制作のスキルを持った学生が被災地でワークショップを開催して被災地の子どもたちと映像制作する活動から，学生個人で被災地を訪れて制作した映像を，上映会等の場で上映する活動まで，多様な取り組みが行われた。立命館大学の奥村俊樹が，震災後の2011年５月に福島県相馬市に行き，臨時災害放送局の「そうまさいがいエフエム」でボランティア記者をしながら撮ったドキュメンタリー『ながされた思い出』は，2012年の「地方の時代映像祭」で高い評価を得て，市民・学生・自治体部門優秀賞を受賞した。

そうした学生の取り組みの中，国内だけでなく海外でも話題となった作品として，山梨県立大学の菅野結花によるドキュメンタリー『きょうを守る』がある。震災後に被災地では多くのドキュメンタリー作品が制作されたが，そのほとんどは被災した地元の当事

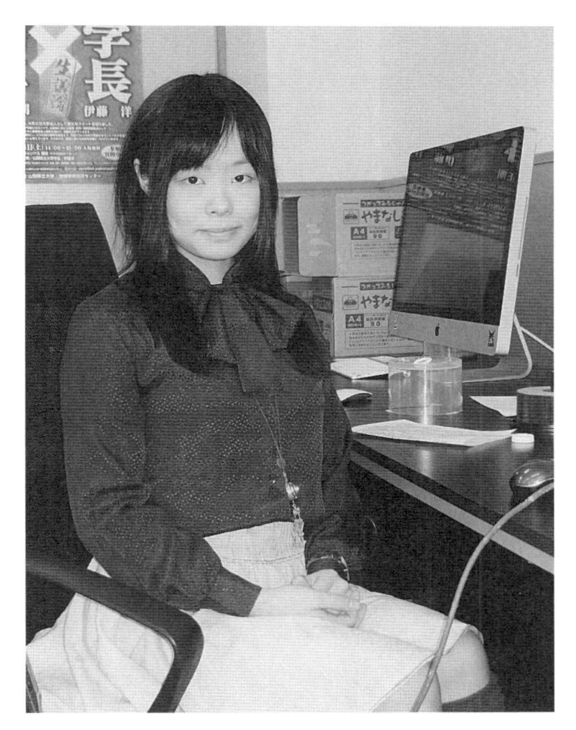

写真6-3　震災後に故郷の陸前高田市でドキュメンタリー映画『きょうを守る』を制作した菅野結花さん

者によるものではなく，他所から被災地を訪れた制作者によって撮られたものだった。そんな中，この作品は被災地出身の学生が地元に戻って避難所や仮設住宅で生活する自分の家族や友人を撮ったもので，国内のみならず海外でも，英語，その他の外国語の字幕を付けて上映する活動が行われた。

② 海外で上映された「3.11」の市民映像

「3.11」を伝えた市民映像として海外でも話題となった『きょうを守る』について，少し詳しく紹介したい。

東日本大震災の発生した2011年3月11日，この作品を制作した岩手県陸前高田市出身の菅野は山梨県甲府市にある山梨県立大学の2年生で，やまなし映画祭のボランティアの学生スタッフをしていた。菅野は以前，やまなし映画祭実行委員会委員の前澤哲爾教授の授業を履修したことをきっかけに学生スタッフとなり，また前澤の授業で短い映像作品の制作を経験した。

震災当日，菅野は電話やメールで家族や地元の友人に連絡しようとしたがつながらず，数日後にNTTの災害用伝言ダイヤルで家族の無事と実家が津波で流されたことを知った。その後，菅野は陸前高田市までの高速バスの運行が再開された3月後半の春休み期間中とゴールデンウイークに2回，避難所で暮らす家族の元に帰省した。3月に帰省した時は，デジカメで自宅のあった場所，かつての通学路や公民館等を写真に撮り，記録に残すべくSNSにアップした。また5月に帰省した時は，授業のレポート課題として，避難所となった学校での教育について取り上げるため，避難所で中学校の先生にインタビューした。その際に陸前高田市では阪神・淡路大震災の経験が震災発生時の防災・減災に充分活かされていなかったことを知り，被災者の声を映像で記録して残すことは出来ないだろうかと考えた。

そして震災で一端中止となった「やまなし映画祭」が11月に開催されることが決まり，5月末に行われた映画祭の企画チーム「やまなし映画夢人」の打ち合わせの席で，菅野は「陸前高田市の今を映像で記録して伝えた」という話をしたところ，映画祭顧問の映画監督の崔洋一から，ぜひ自分の手で撮るよう勧められた。そして前澤を始め他のメンバーからのサポートも得て，菅野自身で映画にし，やまなし映画祭で上映することになった。

菅野は授業で使っている民生用の撮影機材を借り，７月と８月に２回帰省し，避難所で暮らす母親と元同級生の父母，同級生の友人の計８名に，震災当日のことやその後の避難所での生活とその中での想いを中心にインタビューして映像を収録した。菅野自身，編集はほとんど素人だったが，「その素材の中から主要なインタビューシーンを切り取っていくつかのテーマに分けてまとめ，その中で相手が語った言葉の意味を一つひとつ考えながら，重要なメッセージを伝えるものを残してつないだ」（菅野）という。そしてナレーションも自分で吹き込み，どうにか11月20日の上映当日朝に90分の作品を完成させた。

上映会場には200名程が来場し，作品を観た人の反応は，「当事者でしか撮れない被災者の生の言葉を伝えた作品」として好評だった。ただ尺が長いという意見もあり，その後，70分にまとめたバージョンを制作した。

『きょうを守る』はやまなし映画祭で上映されて大きな話題となり，その後，全国各地で60回余り開催され，菅野自身，その半分程に出かけて制作者トークを行った。また『きょうを守る』のニュースがNHK ワールドを通してアメリカで紹介されたことがきっかけで，アメリカのパデュー大学教授でミドルベリー大学日本語学校校長でもある畑佐一味から，字幕を付けてアメリカで上映する提案がなされた。

この畑佐の呼びかけで，全米各地の日本語教育関係者や日本語を学ぶ学生が参加して，『きょうを守る』字幕プロジェクトがスタートし，菅野は2012年６月中旬から約１カ月間，アメリカに招かれて現地での上映会に参加した。このアメリカ上映の後も，韓国語版やトルコ語版の字幕制作と上映が行われている。また福岡アジア映画祭，座・高円寺ドキュメンタリーフェスティバル，アフター3.11フィルムフェスティバル等の映像祭でも上映され，高い評価を得た。

映像制作がほとんど素人の菅野が制作した『きょうを守る』が，多くの映像祭でそれを観たプロから評価された理由について前澤は，「震災の後，被災地で多くの震災ドキュメンタリー作品が制作されたが，その大半が震災後に被災地を訪れた人の手によるもので，撮影している本人の立ち位置が明確でないものも少なくない中，この作品は被災地出身の当事者が自らの気持ちをストレートに表して撮っているため，他の作品にない被災者のリアリティが伝わってくる」という点を指摘する。

菅野の『きょうを守る』のような当事者による長編ドキュメンタリー作品が他にほとんどない理由として，映像制作自体は一昔前と比べて遥かに容易となり，被災者自身が撮った短い映像が数多く動画投稿サイトにアップされているが，ただ１時間以上の長編作品となると，始めからそれを上映する場がない限り，なかなか一般の市民には撮ろうという動機が生まれないことも指摘されよう。『きょうを守る』の制作では，「あらかじめ映画祭での上映が決まっており，マスコミ等でも大きく報道されたので，後に引けない状況に追い込まれた」（菅野）ことが，この長編作品を完成させる動機に大きくつながったのではないか。

また菅野自身,「自分が直接の被災者でなく,震災後に故郷を訪れてその風景や身近な被災した人の声を記録に残したいと思ったことが,ドキュメンタリー作品を撮るきっかけとなったが,もし震災時に実家で家族と一緒に生活していて自ら被災していたら,果たして撮っていたのかどうかわからない」とも語っており,被災地の外にいた被災地出身の学生という立ち位置が,『きょうを守る』を制作する上で重要なきっかけとなっている。

注)

1)http://tanakaryusaku.jp/

2)独立系ニュースサイトのNPJ(http://www.news-pj.net/)の編集長で弁護士の日隅一雄は,震災から1年3カ月後の2012年6月12日に癌で亡くなるまでの期間,福島原発事故関連の記者会見に通い続け,原発事故をめぐる様々な問題についてブログで伝えてきた(http://blogos.com/blogger/hizumi_kazuo/article/)。

3)岩本のような個人以外にも,ジャーナリストの岩上安身による責任編集のもとで多くの市民ボランティアスタッフが参加するIWJ(http://iwj.co.jp/),オルタナティブメディアのNPO法人OurPlanetTV(http://www.ourplanet-tv.org/)を始めとしたいくつかの独立系のネットメディアが,首相官邸前のデモを継続して報道している。

4)ここで上映された作品は,後にビデオアクト・オムニバス作品3分ビデオシリーズDVD『3.11』として販売された。

5)NPO法人地球対話ラボが事務局となり,多くのNPO/NGOや個人が参加し,赤い羽根共同募金の「災害ボランティア・NPO活動サポート募金」による支援を受けて運営された。放送は2012年3月で終了したが,その後も活動の場をネットに移し,有志による被災地取材映像や被災地の仮設住宅の集会所等からのユーストリームによるトークライブの配信等が行われている。

6)東海大学チャレンジセンター「3.11生活復興支援プロジェクト」

ライフメディアチームの学生たちが，文学部広報メディア学科の五嶋正治准教授の指導により，2011年８月から岩手県大船渡市で，地元の小中学生とともに震災後の大船渡市を伝える映像を制作する「大船渡こどもテレビ局」の活動をスタートした。ここで制作した映像は地元での上映会とともに，広報メディア学科の学生制作番組を全国14の CATV 局で配信する番組枠「東海大ミネスタウェーブ」を通して放送された。

7）法政大学キャリアデザイン学部では，2012年度から福島県の被災地での地域学習支援活動を行ってきた坂本旬教授の研究室が中心となって提案した「グローバル人材育成をめざした福島原発被災地域におけるメディア活用型 ESD 地域学習支援モデルの創造」をテーマとする事業計画が，文部科学省日本ユネスコ国内委員会・平成27年度「グローバル人材の育成に向けた ESD の推進事業」に採択された。

8）武蔵大学の筆者の研究室を事務局に，社会学部メディア社会学科を中心とした学生たちによる「学生による被災地支援のための市民メディアプロジェクト」が，住友商事の「東日本再生ユースチャレンジ・プログラム―活動・研究助成―」の助成を受け，被災地を定期的に訪れて映像取材して制作した番組を，J：COM 武蔵野三鷹，近鉄ケーブルネットワーク（KCN）を始めとする各地の CATV 局のコミュニティチャンネル（一部，衛星放送も含む）で放送した。またオルタナが運営する若者の社会変革を応援するサイト「オルタナＳ」で取材記事を執筆する他，その活動を市民メディア全国交流集会，大学の所在する地元の東京都練馬区の防災イベントや公立学校の模擬授業，大学の公開講座等の様々な場で報告している。

第7章

震災後の被災地における情報発信と今後の展開

1．時系列で見た被災地のコミュニティメディア

①　震災当日のコミュニティメディアの動向

これまで紹介した様々なコミュニティメディアが震災後に果たした役割について，ここで時系列的に整理したい。

まず震災当日，東北3県の沿岸部では，一部の自治体に放送系の地域メディアとして，コミュニティFM局とCATV局があった。

コミュニティFM局の場合，局舎（演奏所）と送信所，及びそれを結ぶ回線が津波で浸水しなかった宮城県岩沼市の「ほほえみ」，福島県いわき市の「SEA WAVE FMいわき」では，震災直後から24時間体制で震災関連情報を放送し，県域局が各地域の細かい情報を充分にカバーには限界がある中，被災者に必要な地元の情報を伝えるという点で極めて重要な役割を果たした。また浸水で一時的に放送が出来なくなった宮城県石巻市の「ラジオ石巻」，塩竈市の「BAY WAVE」も，それぞれ震災翌々日の13日には放送に必要な機材を別の場所に移し，自家発電等で放送を再開することが出来た。

一方，ラジオのように無線ではなく有線の伝送路に依拠したCATV局では，局舎が津波で大きな被害を受けて復旧作業が長期

化した岩手県釜石市のSBNや宮城県気仙沼市のK-NET等，放送再開までかなりの時間がかかり，震災後の被災者への初期対応をすることが出来なかった。SBNやK-NETに比べて津波による局舎の被害が比較的小さかった宮城県塩竈市とその周辺をサービスエリアとする宮城ケーブルテレビ（マリネット）でも，放送自体は1週間程で再開したものの，その時点で停電によって視聴出来ない世帯も多く，また伝送路自体が流出したサービスエリアでは，その復旧まで待たなければならなかった。

このように無線のコミュニティFMに比べて有線のCATVは，停電の影響を受けやすく，また伝送路が被害を受けるとその復旧にかなりの時間がかかり，大規模災害の直後に被災者に情報を伝えるメディアとして有効に機能しなくなるという欠点を抱える。そのため震災後に新たな防災メディアとして注目されたのがエリア放送で，震災後，福島県南相馬市では地上デジタルテレビ放送（フルセグ）で地域の情報を伝えるエリア放送の実験局として，「みなみそうまチャンネル」が誕生した。

ただ多チャンネル放送を行う都市型ケーブルテレビ局が，他のサービスとトータルで採算を確保する仕組みの中でスタッフを配置して制作するコミュニティチャンネルと異なり，エリア放送局が独自に毎週，地元の市民に継続して見てもらえる一定量のテレビ番組を制作し続けていくことは，コストやマンパワーの面でかなり困難である。平時に見てもらえる地域の番組を放送しないと，災害時に市民がチャンネルを合わせることもなくなるため，今後，防災メディアとしてエリア放送の活用を考えるのなら，コミュニティFM局同様，放送への市民参加を含めた，継続して地域の番組を採算に合う形で制作する仕組みが必要だろう。

なおフルセグと違ってワンセグの場合，コミュニティ放送，あるいはユーストリームによるトーク番組のインターネット放送のような形で，テレビではなくラジオの延長という位置づけで，携帯電話等のモバイル端末向けに番組を配信するのなら，比較的コストやマンパワーをかけずに番組の制作が可能である。ちなみにコミュニティFMの場合，携帯ラジオを持ち歩かない多くの人にとって，外出先ではカーラジオ以外で聴取することが出来ないのに対し，ワンセグの場合，携帯電話がワンセグ対応ならほぼいつでもどこでも視聴することが出来る。そのため震災時には，ワンセグを通してNHK等の番組で状況を把握し，避難した人も多かった。さらに震災後，多くの被災地では直ぐに携帯電話の通話やデータ通信が出来なくなったのに対し，ワンセグは基地局が生きている限り利用することが出来た。

こうしたワンセグの利便性を活用し，今後，エリアワンセグを防災メディアとして普及していくための仕組みづくりが必要だろう。CATV局が併せてエリアワンセグの放送を行う場合は問題ないが，東北3県の沿岸部のように地元にCATV局がほとんどない地域は，日本全国に少なからずある。

あと放送以外で震災当日に情報を伝えたコミュニティメディアとしてネットのソーシャルメディアがあるが，津波で直接被害を受けた沿岸部の被災地では，通信インフラの喪失や停電等で有効に機能せず，むしろその外側にいた人が情報を共有するためのメディアとして機能した。河北新報社では，自社の号外や翌日の新聞に掲載予定の記事を，震災当日に自社の運営する地域SNS「ふらっと」を通して配信し，多くの人に震災関連情報が共有されるよう努めた。

放送局と異なり自社の得た情報をリアルタイムに配信することの出来ない新聞社の場合，大規模災害時に記者ブログ等を含めたネットのソーシャルメディアを通して，どのように情報を発信していくのかは大きな課題となる。

②　震災から１週間のコミュニティメディアの動向

震災から当初の１週間は，津波の被害を受けた沿岸部の被災地では，被災者の避難所への避難と安否確認等が行われ，また原発事故に巻き込まれた福島県双葉郡の自治体では，役場機能を他の自治体に移して住民が避難した時期である。

地域紙（津波の被災で廃刊した２紙を除いた，大船渡市の『東海新報』，気仙沼市の『三陸新報』，石巻市の『石巻日日新聞』）では，震災翌日から行政の情報，あるいは記者が市内を回って集めた情報をもとに

写真７－１　震災後に仮設で建てられた陸前高田市の高田大隅つどいの丘商店街

記事を書いて紙面を作成し，自家発電や車のバッテリー等から電源を確保してコピー機やプリンタで制作した号外，あるいはロール紙に手書きで書いた壁新聞を避難所に届けた。

また被災地によって差があるが，震災から１週間程で津波の被害を直接受けていない地域での新聞配達網が徐々に回復し，地元で印刷していない地方紙も含めた避難所以外への宅配も再開される中，気仙沼市の河北新報社の販売店の藤田新聞店では，宅配作業等を通して集まった地域の情報をミニコミ『ふれあい交差点』にまとめ，ほぼ毎日，新聞の折り込みで配達するとともに，避難所でも配布した。震災後，避難所に避難した被災者は比較的地元の情報が届きやすかったが，自宅にとどまった被災者は逆に地元の情報が届きにくく，そうした中で地域の情報が集まる新聞販売店が独自に発行した日刊のミニコミは，震災初期に地域紙とともに被災地の人たちが震災関連情報を把握する上で大きな役割を担った。

写真７－２　富岡町で津波で被災したパトカー

このほか，紙媒体で当初の１週間内に発行されたものに，多賀城市の『広報多賀城』のような一部の自治体の広報誌の号外がある。通常，自治体の広報誌は月刊で，かつ外部の印刷業者に委託して印刷しているが，多賀城市では広報の職員が機転を利かせ，震災関連の情報が市役所に集約されることと，あと自家発電で庁舎内の電源が確保出来てコピー機が使えたことの利点を活かして，被災者が最も必要としている地元の情報を伝えるため，広報誌の号外の制作に踏み切った。配布は市の職員と市会議員が協力して避難所に届けるとともに，津波の直接の被害を受けていない地域では町内会の会長宅に持参して，そこから班長経由で各世帯に配布してもらうとともに，給水所等の人の集まる場所にも置いて持って行けるようにした。

今日，多くの地域で新聞販売店の経営難が深刻化しているが，東日本大震災のような通信インフラの喪失や停電等が発生する大規模災害時において，あらためて紙媒体による情報伝達の有効性が示された中，今後とも新聞の宅配網を維持していくためには，新聞販売店がコミュニティサービスの拠点として地域を支える役割も併せて担い，それをビジネスとして採算化していくことがおそらく必要になる。震災後の気仙沼市での新聞販売店による独自のミニコミの発行を通した情報伝達は，新聞販売店によるコミュニティサービスのひとつの取り組みであり，こうした取り組みを支援する行政の仕組みが，これから必要になるのではないか。

あとネットでは震災直後からミクシー，ツイッター，フェイスブック等のソーシャルメディアを中心に拡散していた震災関連情報を，一部の自治体では東松島市の「SAVE 東松島」のような形で，被災した地域ごとに集約したまとめサイトが市民の手で立ち上げられた時期である。ちなみに「SAVE 東松島」では，震災関連情報のまとめサイトから情報共有メーリングリストが誕生し，そこからソーシャルメディアを活用した東松島市の復興支援に関わる人たちのコミュニティが誕生した。

「SAVE 東松島」を立ち上げたのは，震災後，ネット上で様々な情報が拡散する中でいち早く地域単位の震災関連情報のまとめサイトの重要性に気付いた一個人だが，今後，大規模災害時にどの自治体でもこうした地域単位のまとめサイトが立ち上がる仕組みを，平時に整えておくことは重要である。

③ 震災から１カ月間のコミュニティメディアの動向

震災から当初の１カ月の間には，もともと被災地で月刊，あるいは隔週刊で発行されていた紙媒体は，一度は発行日を迎えることになる。中間支援組織の発行する市民情報活動誌の多くは月刊で，岩手県大船渡市の NPO 法人夢ネット大船渡が発行していた『みらい』のように震災の影響で一時休刊になったものも中にはあるが，一方，仙台市の NPO 法人杜の伝言板ゆるるが発行していた『杜の伝言板ゆるる』では，震災特集を組み，被災地で支援活動している NPO／NGO の取り組みやボランティア募集について紹介し，新たに被災地にボランティアに行こうとする人たちにとって貴重な情報源となった。

またこの間，岩手県宮古市，釜石市，大船渡市，宮城県気仙沼市，名取市，亘理町，山元町，福島県相馬市といった津波の被害を受けた沿岸部の被災地で，新たに臨時災害放送局が立ち上がった。この内，宮古市では，たまたま地元の市民グループが2012年夏にコミュニティFM局を開局するための準備を進めていた中で震災が発生したため，コミュニティFM局の機材を扱うMTS＆プランニングから機材を無償提供された以外は，地元の市民の独自の力で開局に漕ぎつけた。だが他の地域では地元にラジオ放送に関わったことのある経験者がおらず，県域のFM局，近隣の自治体のコミュニティFM局，地元出身の放送業界関係者，「FMながおか」のような過去に臨時災害放送局の運営や開局支援を経験したコミュニティFM局，そしてMTS＆プランニングから，機材の提供や技術面を始めとする様々なサポートを受けて開局した。

ちなみに国内でコミュニティ放送用機材を扱っているのは，主にMTS＆プランニングとNHKアイテックの２社で，MTS＆プランニングでは，東日本大震災で中継局も含めて17局の臨時災害放送局に機材の提供や技術支援を行ったが，今回，これだけの数の局の立ち上げに必要な送信機を確保出来たのは偶然の要素によるところが大きく[1]，大規模災害時において臨時災害放送局の開局に必要な送信機等の機材を，平時にどのような形で常備しておくのかは重要な課題である。

また第４章で個々の局について見てきたように，津波の被害を受けた沿岸部の自治体では，宮古市の「みやこさいがいエフエム」を除く臨時災害放送局が，日本財団から2011年４月19日に発表された開局補助金，運営補助金等の支援を受けた[2]。そしてその後の局の職員の雇用についても，多くの局が緊急雇用創出事業の交付金による臨時職員の雇用という形で局のスタッフの人件費を確保した。震災後に新たに開局した臨時災害放送局が放送を継続出来たのは，この２つの枠組みによる資金面での支援を得たことが大きい。

④ 震災から３カ月間のコミュニティメディアの動向

震災から１カ月余り経つ頃には，避難所で暮らす人々の求める情報が，震災初期の安否情報やライフラインの復旧情報から，避難所での生活に関する情報へと徐々にシフトしていった。そうした中で岩手県山田町の『くじら山ろく』，あるいは福島県富岡町，川内村の住民が合同で避難した郡山市のビッグパレットふくしま避難所の『みでやっぺ！』のような，避難所を拠点にそこでの生活と被災者の心のケアをテーマにしたミニコミが誕生した。

原発事故の起きた福島県の双葉郡周辺の自治体では，原発事故後も市内に留まった市民と，地元を離れて他の地域に自主避難した市民とに分かれ，そうした中，離れ離れになった市民の絆を維持するとともに，放射能問題について市民の目線から伝える市民メディアが求められた。震災前から発行されていたいわき市の地域紙の『日々の新聞』は，いち早くそうした役割を担った。また無料で配布されるミニコミとして新たに創刊され，同様の役割を担ったのが，南相馬市の『めぐりあい』である。

なおこの時期，被災地では多くのNPO／NGOによる支援活動が展開されるようになったが，岩手県の気仙地域では地元で活動する主要なNPO／NGOによる気仙市民復興連絡会が，個々のNPO／NGOの支援活動を伝えるミニコミとして，『復興ニュース』を発行した。

一方，臨時災害放送局は，宮城県女川町，南三陸町，福島県南相馬市といった主に津波の被害や原発事故による影響を他の地域以上に大きく受けた自治体で，震災から１カ月以上経ったこの時期に開局している。

ちなみに行政が臨時災害放送局と広報誌以外のコミュニティメディアを通して，被災者に必要な生活関連情報等の提供に力を入れられるようになったのは，被災者が避難所を離れて仮設住宅に移り住んでからで，この時期の避難所を拠点にしたミニコミの発行は，ビッグパレットふくしま避難所のケースを除くほとんどが，被災した市民がNPO／NGOの協力も得て独自に行ったものである。

⑤　震災から１年間のコミュニティメディアの動向

2011年６月から９月にかけて，多くの被災者が避難所から仮設住宅へ移り，この時期，仮設住宅のコミュニティでの生活と地域の復興をテーマに，新たなミニコミが誕生した。その多くは宮城県名取市の『閖上復興だより』のように，被災した地元の市民が中心となって発行しているものだが，中には宮城県石巻市の『仮設きずな新聞』のように，被災地の外から来た支援団体のピースボート災害ボランティアセンターが独自に取材して発行するものもある。

こうした中，行政側でも避難所から仮設住宅に移ることで，必要な情報にアクセスしにくくなる住民が新たに出てくることを考え，紙媒体を利用した情報伝達の重要性について注目するようになる。岩手県沿岸広域振興局では，緊急雇用創出事業で中間支援組織等に復興情報誌（宮古市，山田町等での『こころ通信』，釜石市，大槌町での『キックオフ』）の発行を委託した。また釜石市では地元の地域紙が津波の被災で廃刊となったため，市が解雇された元社員の人たちに緊急雇用創出事業による新たな新聞の発行を委託し，『復興釜石新聞』が発行された。そして緊急雇用創出事業による助成が2014年９月に終了した後も，『復興釜石新聞』は有料の地域紙として継続

写真７－３　いわき市の子ども未来NPOセンター
に置かれた放射能測定装置

しており，近年においては，一度，地域紙がなくなった地域で復活した数少ないケースとなった。

また原発事故の起きた福島県の双葉郡周辺の自治体では，主に子どもを抱える保護者を対象に2011年９月にいわき市で『かえる新聞』が，2012年２月に相馬市で『そうまかえる新聞』が市民の手で創刊された。

臨時災害放送局は，津波の被害の最も大きかった岩手県陸前高田市と大槌町の２つの自治体で，他の地域よりもかなり遅れて開局した。陸前高田市では当初，隣接する大船渡市で開局した「おおふなとさいがいエフエム」が併せて陸前高田市向けの放送を行い，市役所が提供したニュース原稿を読んでもらっていたが，支援団体のAid TAKATAが独自に地元で放送を行うことを提案し，震災から９カ月後の2011年12月に「りくぜんたかたさいがいエフエム」が開局した。また津波で役場が全壊して町長を含む多くの職員が亡くなった大槌町では，2011年８月の町長選を経て役場機能が正常化する中，神戸市のコミュニティFM局「FMわぃわぃ」の支援を受けて，震災から１年過ぎた2012年３月に「おおつちさいがいエフエム」は開局した。

陸前高田市と大槌町での臨時災害放送局の開局に際し，NPO法人BHNテレコム支援協議会が放送機材の提供を行ったが，震災後の臨時災害放送局の開局ラッシュにより国内で送信機の在庫がなくなって，新たに海外から取り寄せることになり，このことが両局の開局が大幅に遅れる一因となった。リスナーである被災者の多くが仮設住宅に移り住んだ後に誕生した両局は，当初から地域コミュニティの復興に向けた番組の提供を課題にしている。

また震災から１年後の2012年３月に，福島県郡山市で開局した富岡町の臨時災害放送局「おだがいさまFM」のように，被災地ではなく避難先での開局が認められたことは特筆に値する。

なおCATVについては，震災でヘッドエンド装置の損壊を免れた釜石市のSBNでは，震災から１カ月で伝送路の流出を免れたエリアでのコミュニティチャンネルの放送を再開したが，ヘッドエンド装置を損壊した気仙沼市のK-NETでは，その他の要因も重なってコミュニティチャンネルの放送が再開出来たのは2012年１月末となった。今後，大規模災害の発生に伴うCATV局のヘッドエンド装置損壊の際の予備の緊急用ヘッドエンド装置の確保は，臨時災害放送局における送信機の確保と併せて，大きな課題である。

⑥　今後の大規模広域災害への対応に向けた課題

東日本大震災の被災地でのコミュニティメディアの果たした役割

から見て，大規模広域災害が発生した直後に，被災地で最も有効に機能するコミュニティメディアとして，コミュニティFMが挙げられよう。

実際，被害の大きかった被災地では震災でネットやCATV等の伝送路の喪失と停電が発生し，携帯電話もすぐにつながらなくなったため，カーラジオを始めとするラジオとスマートフォンのワンセグ機能が，唯一のアクセス可能なメディアだった。震災以降，それまでほとんど緊急地震速報等の対応がなされていなかったスマートフォンに対し，各社とも緊急速報メールを送れるよう対応を進めたが，それでも回線や基地局が損壊した場合に受信出来ない状況が生まれる。

そんな中，コミュニティFM局のある地域の多くで，リスナーに最もよく聴かれるラジオ放送は県域局よりもコミュニティFM局の放送であり，大規模広域災害時にコミュニティFM局が放送可能な状態なら，行政やマスメディア等から得たその地域で必要な情報を集約して，地域の人々に伝えることの意味は大きい。特に車で移動中の人には，カーラジオを通して確実に情報が届けられる。

将来的にエリア放送が各地に普及すれば，コミュニティFMと同様の防災メディアとしての役割を担うことになるが，現状ではコミュニティFMがより簡単に立ち上げ可能なコミュニティメディアであり，震災後，大船渡市等では新たに開局したコミュニティFM局を核にICTを活用した新たな防災システムの構築に取り組んでいる。

もちろん平時においてコミュニティFM局を運営していくためには一定のコストがかかり，それが主に地元のスポンサー事情で難しい地域も少なからず存在する。ただそうした地域が大規模広域災害時に臨時災害放送局を迅速に開局出来るようにするため，送信機等の機材の確保，資金面でのサポートの仕組みを，どこが担い手となってどのように整えるかが課題となる。

また大規模広域災害が発生してから初期の段階で，ラジオとともに重要なコミュニティメディアが紙媒体で，東日本大震災の被災地で地元に地域紙がある地域では，震災翌日から地域紙が壁新聞や号外の形で避難所に避難した被災者に必要な情報を届けた。だがこうした地域紙が存在しない（あるいは社屋自体が損壊した）地域では，広報誌を発行している自治体にそうした役割が期待される。停電に見舞われても自家発電で庁舎の電源が確保されれば，多賀城市のように広報誌の号外を制作して被災者に必要な情報を届けることが可能であり，大規模広域災害時に対応可能なコピー用紙の備蓄と紙媒体を活用した住民への速やかな情報伝達のマニュアル化を行っておくことが望まれる。

また，東日本大震災のような大規模広域災害時にネットでは様々な情報が錯綜するが，それを整理して地域単位で提供する東松島市の「SAVE 東松島」のようなまとめサイトは，被災者のみならず，全国各地のその地域と関わりを持つ人々や，被災地支援に取り組もうとする人々にとって大きな意味を持つ。これは自治体サイトが担えることではなく，もともとその地域に地域ポータルサイトや地域 SNS 等があればそこが担うべきものだが，それがない地域では地元の事情に詳しい市民ボランティアが，災害初期にそうしたまとめサイトを迅速に立ち上げて運営していく仕組みをどのように確保出来るかが課題となろう。

そして災害発生からある程度時間が経過すると，避難所に避難した被災者の求める情報が生活関連のものへとシフトするが，東日本大震災ではそうした被災者の心のケアも含めたニーズに対応するため，行政やNPO／NGOのサポートを得て避難所で発行されたミニコミは数少なく，多くの被災地では震災から数カ月後に仮設住宅に移ってから，そこでの生活と新たなコミュニティづくりをテーマにしたミニコミが発行されるようになった。

今後，大規模広域災害発生に備え，臨時災害放送局の開局支援とともに，避難所に避難した人々を支えるミニコミ発行支援のあり方について検討が望まれる。

2．大規模災害時のコミュニティメディア支援のために

① 被災地の紙媒体の支援について

これまで見てきたように「3.11」以降，被害の大きかった東北3県の沿岸部の被災地では，紙媒体，ネット，臨時災害放送局，CATV等のコミュニティメディアが，初期の震災情報からその後の地域コミュニティの復興に向けた情報まで様々な情報を発信した。この内，CATVについては地域の基幹インフラのため，情報通信基盤災害復旧事業費補助金等による公設民営方式での復旧や，日本ケーブルテレビ連盟と加盟する各局による業界を挙げての対応が行われ，特に他の地域のコミュニティメディアを始めとした団体や個人が，個別に支援という形で何か関与する余地は，被災したCATV局のスタッフが制作した震災の記録映像のDVDを購入するくらいしかなかった。けれどもその他の分野のコミュニティメディアは，震災後，新たに誕生したものも多く，そこでは様々な形

での個別の支援が，大きな意味を持った。

被災地の紙媒体について見ると，地域紙や自治体の広報誌，その他，震災前から発行されていた既存のものは別にして，震災後，新たに誕生したものは，被災地の団体や個人が独自に（寄付等を含めて必要な資金を確保して）発行しているもの以外に，自治体が緊急雇用創出事業で中間支援組織等に委託して発行したもの（宮古市等の『こころ通信』，釜石市等の『キックオフ』，『復興釜石新聞』等），その他の行政の補助金や民間の助成金を得た中間支援組織やNPO／NGO等が発行したもの（大船渡市の『みらい』，名取市の『名取交流センター新聞』等），被災地での支援活動に取り組むNPO／NGOが費用負担して被災地のキーパーソンとなるような個人に委託して発行したもの（山田町の『くじら山ろく』，『希望』等）がある。

だが特定の交付金や助成金等をベースにした紙媒体の発行は，交付金や助成金が終了するとともに発行も終了する。唯一，『復興釜石新聞』が，緊急雇用創出事業による委託が終了した後も，独立採算の地域紙となることを目指して準備を進め，地域紙として再生した。

震災後に誕生した臨時災害放送局の多くでは，緊急雇用創出事業によるスタッフの雇用が今日も継続しており，また日本財団の開局補助金，運営補助金等の支援を始め，公益社団法人日本フィランソロピー協会を事務局とする企業による運営資金支援等が行われた。一方，紙媒体に対しては，緊急雇用創出事業による委託が行われたケースは少なく，また期間も短いこと，そして紙媒体を対象とする公募の助成金は広く他のジャンルも対象にした競争的なものを除くと存在しないこと等がある。その背景として自治体の首長の申請により総務省から免許を付与される臨時災害放送局と異なり，被災地で被災者に情報を伝える紙媒体の形態がエリア，部数，発行頻度等の規模や内容が千差万別なこと，地域紙，行政の広報誌等の既存の紙媒体が存在すること，通信インフラの切断された震災初期において紙媒体は威力を発揮したが，それが回復した後ではウエブで代替出来ること等が指摘されよう。

けれども第2章で見たように，被災地ではネットに接続する情報端末を利用しない高齢者の比率は高く，新たに誕生した仮設住宅のコミュニティの形成において，紙媒体の果たす役割は重要であり，大規模災害時に応募可能な被災地の紙媒体を支援する支援スキームは，今後，必要になるのではないか。

日本ジャーナリスト教育センター（JCEJ）による三菱商事復興支援財団からの助成金と合わせたクラウドファンディングによる資金で創刊された『大槌みらい新聞』は，継続していればひとつのモデルになるべきものだったが，諸事情により2012年8月の創刊準備号から1年後の2013年7月で終了し，また関わった当事者によるその成果についての充分な検証と公開がなされないままに終わったのは残念である。

あと紙媒体の制作にも，ラジオの放送同様，一定の技術面のスキルが必要になる。『名取交流センター新聞』では発行に際して，機関誌づくりをしている労働組合の人間からDTPの講習を受け，同じ名取市の『閖上復興だより』は，支援を受けているNPOの紹介でプロのデザイナーがレイアウトを担当し，また福島県相馬市の『そうまかえる新聞』は，ネットを通して全国各地のプロのデザイナーや編集者が必要なサポートをしている。

第1章で触れたように，近年では市民の情報発信は紙媒体からネットへと移行しており，将来，大規模災害が発生した地域で，もともと紙媒体を発行していたNPO／NGO等を除くと，制作経験やスキルを持った一般の市民がほとんどいないという状況が生じることも想定される。『名取交流センター新聞』は，仮設住宅の住民が編集会議で意見交換して新聞を制作するプロセスを通して，相互理解を深めるとともにコミュニティ内で様々な問題を共有する仕組みづくりを目指して創刊されたが，こうした取り組みは全国の地域コミュニティで，平時において社会教育のプログラムとして実践されることが望まれるのではないか。そして将来に向けてそうした担い手を育てるという意味で，石巻市でキッズ・メディア・ステーションが石巻日々新聞の協力を得て，ワークショップ形式で地元の子どもたちによる『石巻日日こども新聞』発行の取り組みは貴重である。

② 臨時災害放送局の支援について

臨時災害放送局への支援については，第4章でも詳しく触れたように，コミュニティFM局からの移行や，コミュニティFM局開局に向けて準備中だった宮古市のようなケースを除く多くの局が，他のコミュニティFM局，県域放送局を始めとした放送関係者から，放送に必要な設備・機材やノウハウの提供を受けて開局に漕ぎつけている。日本財団等からの金銭面での支援とともに，放送関係者からこうした専門性の高い設備・機材やノウハウの提供を受けることで，被災地では極めて短期間の内に多くの臨時災害放送局が立ち上がった。

中でも自ら阪神・淡路大震災や新潟県中越地震のような震災を過

去に経験した地域のコミュニティFM局である神戸市の「FMわぃわぃ」，新潟県長岡市の「FMながおか」は，自らの経験をもとに複数の臨時災害放送局の開局を支援した。

大規模災害時に誕生した臨時災害放送局は，1995年1月に起きた阪神・淡路大震災の1カ月後に，兵庫県がNHK神戸放送局等の協力を得て立ち上げた「ひょうごけんさいがいエフエムほうそう」(FM796 フェニックス）が最初のケースだが，神戸市長田区では，この臨時災害放送局の放送が始まる前の同年1月末にボランティアの手で，ミニFM局「FMヨボセヨ」による被災した在日韓国・朝鮮人向けに韓国・朝鮮語と日本語で震災関連情報を伝える放送がスタートした。さらに長田区では同年4月に，ミニFM局「FMユーメン」による被災した在日外国人向けの多言語放送もスタートした。後にこの両者は合併し，「多文化・多民族共生のまちづくり」を目指して，区の人口の1割を占める在日外国人向けに多言語放送を行うコミュニティFM局「FMわぃわぃ」となった。[3)]

2004年10月に起きた新潟県中越地震の際は，その被災地の長岡市のコミュニティFM局「FMながおか」が，既存のコミュニティFM局として初めて臨時災害放送局の「ながおかさいがいエフエム」となり，出力をアップして震災関連情報を伝えたが，その際に「FMわぃわぃ」，横浜市国際交流協会，新潟県国際交流協会等が協力し，被災した在日外国人向けに多言語放送で情報を伝えた。またこの時，「FMながおか」は新潟県南魚沼市の「FMゆきぐに」とともに，被災地の十日町市で「十日町市災害FM局」の立ち上げを支援した。その後，2007年7月に起きた新潟県中越沖地震の時も，「FMながおか」は被災地の柏崎市の「FMピッカラ」が長岡市内に中継局を設置して放送するのをサポートした。

こうした過去の震災時の貴重な経験を活かし，「FM わぃわぃ」は宮城県南三陸町の「FM みなさん」，岩手県大槌町の「おおつちさいがいエフエム」等の開局支援に，「FM ながおか」は宮城県山元町の「りんごラジオ」，亘理町の「FM あおぞら」，茨城県高萩市の「たかはぎさいがいエフエム」等の開局支援にそれぞれ関わり，また福島県南相馬市の「南相馬ひばり FM」，宮城県名取市の「なとらじ」等の運営のサポートもしている。

東日本大震災では「FM わぃわぃ」，「FM ながおか」以外にも，複数のコミュニティFM 局が被災地での臨時災害放送局の開局支援に関わり，またその中から新たにいくつかのコミュニティFM 局が誕生したことで，今後，大規模広域災害発生時には，おそらく今回の経験を活かしてより強固な開局支援が行われることだろう。

むしろその際に問題となるのは，前に触れたように国内で臨時災害放送局の開局に必要な送信機等の機材が迅速に確保されるかどうかではないだろうか。

3．震災・原発事故の経験の継承に向けて

①　震災復興，原発問題について語るイベント

これまで見てきたように震災後に被災地で誕生した臨時災害放送局の多くは，行政から入る震災関連情報を伝えるだけでなく，被災した市民を始めとする多様なゲストを招いて，復興について語るトーク番組を放送してきた。また岩手県宮古市のインターネット放送局「いわみん TV」や宮城県石巻市の「いしのまきワンセグ」は，もっぱらそうしたトーク番組を配信している。

写真７－４　原発周辺の警戒区域では除染した際の
汚染土の入ったビニール袋が道路脇に
無造作に積まれている

そしてこうした復興について語るトークは，コミュニティメディアの場だけではなく，被災地で新たに誕生したリアルなトークスペースのような場で，誰でも参加可能なトークライブのようなイベントの形でも数多く行われている。原発事故で福島県富岡町と川内村の住民が避難した郡山市のビッグパレットふくしまの避難所で誕生したミニFM局「おだがいさまFM」では，多くのリスナーが放送しているスペースに集まり，トークイベントのように対面で放送を聴き，時にはそこに参加したが，トーク番組はラジオ等のメディアを媒介した臨場感よりもライブで体感した方が，リスナーはその中身についてより想いを深めることが出来る。

震災後，被災地では復興に向けて地域を盛り上げるため様々なイベントが開催されたが，その中で人と人とをつなぐトークは，重要な意味を持ってきた。福島県いわき市小名浜で地元出身の末永早夏，宮本英実の2人の女性が2011年4月に立ち上げた地域活性化プロジェクト【MUSUBU】は，被災したいわき市と国内，海外の様々な人たちとを，アート，デザイン，情報等を活用して結ぶことで，いわき市を持続的に活性化することを目指して誕生した。そのため【MUSUBU】の企画するイベントでは，そこに関わった者同士が語り合うことで，新たなつながりが生まれることを重視している。

また同じいわき市小名浜でウエブマガジン「TETOTEONAHAMA」を発行する小松理虔は，震災後の2011年5月に仲間とともにオルタナティブスペース「UDOK.」を立ち上げた。そしてここで平日の夕方や休日に音楽，演劇やトークライブ等のイベントを企画し，そこにいわき市内や首都圏から様々な人が集まり，新たな出会いを通して人と人とのネットワークを育むことで，小名浜に関心を持って関わる人の数を増やし，小名浜の新たな価値を創造しようという試みをスタートさせた。こうした地域コミュニティでの人と人とが語り合うイベントは，コミュニティメディア同様の役割を担うものである。

特に福島原発事故は，被災地だけでなく全国各地で今後の原子力発電のあり方や，さらには「3.11」後の日本社会での人々の生き方をめぐり，多くの議論を巻き起こした。

核燃料サイクル構築のため日本原燃が青森県六ヶ所村に建設した核燃料再処理施設をめぐる問題について，2006年に地元の人たちの生活や想いを描いた鎌仲ひとみ監督のドキュメンタリー映画『六ヶ所村ラプソディー』が公開されたが，福島原発事故から2年経った2013年4月から6月にかけて，この映画を配給会社の了解を得て最低保障金額なしで自主上映する「六ラブ again」という運動が行わ

写真７－５　福島原発から14キロの警戒区域に位置する福島県浪江町の希望の牧場で被曝した牛について説明する吉澤正巳代表

れ，２カ月余りの間に全国130カ所で自主上映会が開催された。

この「六ラブ again」を企画した一人である青森県八戸市の環境保護団体「PEACELAND」代表でミュージシャンの山内雅一は，2001年から原発・核燃反対運動に関わるようになり，2012年８月からは，毎週金曜日に反原連が東京で行うデモに連動して，八戸市で一般の市民が太鼓のリズムに合わせて脱原発・核燃をコールするサウンドデモを開催している。

また青森県大間町で（使用済み核燃料を再処理して得たプルトニウムとウランを混ぜて使用する）世界初のフル MOX 原発となる大間原発[4]の建設が始まった2008年から，毎年，反核ロックフェス「大 MAGROCK」を大間原発に隣接する会場で行っている。

この「大 MAGROCK」は入場無料で開催され，出演するミュージシャンは交通費も含めてノーギャラで，運営費はすべてカンパで賄っている。趣旨に賛同して参加するミュージシャンは，「大MAGROCK」の時期が近づくと，周辺でのライブツアーを組み，そちらで稼いだ費用で大間町を訪れる。そして「大MAGROCK」の期間中，そこに集まった出演者，参加者の間で交流が行われ，そこでの語り合いを通して脱原発・核燃のメッセージが広まっていく。

他にも山内は，八戸市の第三セクターのコミュニティFM局「BeFM」で，仲間とともに番組枠を買い取って，地域の話題についてスポンサーを気にせずに市民目線で伝えたいことを自由に伝える番組を放送しており，ここが「BeFM」の放送で唯一，脱原発・核燃のメッセージがストレートに流れる場となっている（推進のメッセージについては，CMを中心に流れている）。そして「BeFM」での放送の経験から，リアルなイベントと連動したラジオの可能性に注目し，2013年11月から岩手県葛巻町でNPO法人岩手こども環境研究所が運営する「森と風のがっこう」，宮城県仙台市のアトリエ「wasanbon」，山形県天童市で太陽電池パネルの販売を手掛ける「ソーラーワールド」等の協力を得て，震災後の東北で地域に根差した魅力的な生き方をしている人たちのところを訪れ，番組を収録してつないでいく（「もうひとつの東北地図」を描く）市民ラジオ活動として，「くるみラジオ」をスタートさせた。番組制作費はカンパで賄い，また可能な限りトークイベントの形で公開収録した番組は，編集してコミュニティFM局で放送するとともに，ネットでほぼ全編配信するというものである。

こうした取り組みは，たとえば首都圏や関西圏では東京と大阪で4軒のトークライブハウスを運営するロフトプロジェクトが，自主企画，あるいはトークイベントの形でネット配信と絡めて震災復興や原発問題に関して情報発信したいグループに，場所を提供して行っており[5]，また他にも多くの事例がある。だが被災地を始め大都市圏以外の地域では，地元に地域の内外への様々なネットワークを持ったプロデューサーとしての役割を担えるキーパーソンがいて企画しないことには，なかなか地元以外の多くの人たちを結んで巻き込む継続した活動になりにくいという問題がある[6]。

これまで見て来た福島県いわき市の【MUSUBU】，「UDOK.」，青森県八戸市の「PEACELAND」の代表，それから第2章で紹介した『そうまかえる新聞』の発行と併せて様々な復興イベントを手掛ける「MY LIFE IS MY MESSAGE」や『仮設きずな新聞』の発行と併せて自らの活動拠点を様々なボランティア団体が交流するソーシャルコミュニティスペースとして提供している「ピースボートセンターいしのまき」等のメンバーの多くは，地元出身者でも過去に地元を離れて国内，海外で様々なネットワークを育んだ経験を持つ人か，あるいはもともと首都圏や関西圏等の他所で多様なネットワークを持った後に，移り住んで来た人たちである。

ラジオ放送や紙媒体等のコミュニティメディアの制作や運営において，一定の技術面のスキルが必要で，そうしたスキル（メディアのディレクション力）を持つ人材が，被災地を始め（大都市圏以外の）多くの地域では数が少ないことを前に指摘したが，技術面のスキルが必要ないイベント等を通してそこに集まる人のトークで地域からメッセージを発信する取り組みにおいて，それを地域の外の世界とつながりを持って多くの人に伝えていくためには，過去に多様なネットワークを育んだ経験を持つキーパーソンによるプロデュースが大きな意味を持つ。

こうしたキーパーソンをどれだけ地元に抱えることが出来るのかは，特に大都市圏以外の地域にとって，地域づくりに限らず大規模災害への対応という点でも大きな意味を持つ。

②　被災地を舞台にした教育の取り組み

東日本大震災の後，多くの教育機関が学内で義援金を集めて送るとともに，様々な支援活動を行った。文部科学省では，2011年４月１日付けで全国の大学や高等専門学校に対して，ボランティア活動のための修学上の配慮や，ボランティア活動に関する安全確保及び情報提供を要請する通知を出した。これによって学生のボランティア活動を単位認定するなどの取り組みをしたケースは少ないが，ただ東日本を中心とした学校で震災にともなう学事日程の変更が生じ，授業開始が４月後半から５月前半にずれ込んだところも多く，その

写真７-６　アチェ対話プロジェクトを通してネットでアチェの子どもたちと対話する東松島市宮戸小学校の子どもたち

間の休みを利用して，個人，あるいはサークルやゼミ単位で災害ボランティアに出かけた学生は数多くいる。特に被災地の仙台市にある東北福祉大学では，震災直後に災害対策本部を設置し，大学が一体となって被災地に教職員や学生を災害ボランティアで派遣した。

その後，震災初期の泥出し等の特別なスキルの必要のない単純なボランティア作業は徐々に減少し，ボランティアの受け入れを行っていた災害ボランティアセンターも次々と閉鎖になり，被災地でのボランティア活動の中心は，NPO／NGO による専門的なスキルを必要とするものへと移行していく。こうした中，教育の現場では，一部の専門的なスキルを持った学生によるボランティア活動を別にすると，被災地を訪問して，被災地が抱える問題について視察して学ぶ，スタディーツアー的な取り組みが，被災地で活動する個人や NPO／NGO 等の協力を得て企画されるようになる。

長野県松本市の信濃むつみ高校では，教頭の竹内忍が2011年４月から「3.11」をテーマに授業を行う中，放射能汚染に曝された福島県の原発事故の被災地の現状を知り，今後，何十年も放射能問題と共存していく日本社会で，生徒各自がそれぞれどのように向き合って生きるのかを考えるため，同年６月に第１回目のスクーリングを企画した。そして竹内は，保護者の了解を得て参加した生徒たちやボランティアで同行した日本原子力研究開発機構の職員とともに，福島県南相馬市の緊急時避難準備区域を訪問し，また福島市で放射能汚染によって飯館村を離れることになった避難者に話を聞いた。そして同年８月には京都精華大学と共同で，第２回目のスクーリングを実施し，計画的避難区域である飯館村と隣接する川俣町の境界線ぎりぎりのところまで行き，飯館村からの避難者の話を聞いた。「放射能汚染で全村避難を強いられた飯舘村では，村の将来について村民の中で意見が分かれる複雑な状況で，こうした問題の所在について参加した生徒や学生は知り，自分たちがどのように関われるのかについて議論した」（竹内）という。

この信濃むつみ高校のスクーリングは，学校単位で福島原発事故の被災地を訪れて学ぶスタディーツアーとしては最も初期のものだが，その後，2011年８月に設立されて同年11月にNPO法人となった福島県いわき市のふよう土2100のように，原発事故の被災地でのスタディーツアーを主催する団体も登場し，一般の市民団体とともに多くの学校の学生グループがこのふよう土2100のツアーで立ち入り可能な原発事故の被災地を訪れるようになった。

あと被災地を舞台にした教育の取り組みとして，もうひとつ紹介しておきたいのが，NPO法人地球対話ラボによる，2004年12月に発生したスマトラ島沖地震の最大の被災地であるインドネシアのアチェ州のバンダ・アチェと，東日本大震災の被災地の宮城県東松島市宮戸島の双方の小学校をネットで結び，日本とインドネシアの学生がファシリテーターとなって過去に震災を経験した双方の子どもたちが，復興に向けて歩む自分たちの暮らす地域や将来の生き方について語りあうアチェ・宮戸対話プロジェクトである。

NPO法人地球対話ラボは，NPO法人になる前の2002年５月に設立され[7]，BHNテレコム支援協議会から機材の提供を受けて，同年６月のアフガン対話プロジェクト，翌2003年２月のイラク対話プロジェクトを始め，これまで日本と世界各地を結んで多くの子どもたちによる国際対話プロジェクトを行ってきた。

そして武蔵大学の「学生による被災地支援のための市民メディア

プロジェクト」の学生たちが，2011年秋から地球対話ラボが事務局を務める「いま私たち市民にできること」プロジェクトに参加し，日本BS放送での番組制作や南相馬市の仮設住宅からネットで原発被災者の声をライブ中継する取り組みに関わったりした関係で，アチェ・宮戸対話プロジェクトにも学生メンバーの中心となって参加し，アチェに行って現地で日本紹介や映像制作のワークショップを行い，あらかじめ日本について一定の理解をしてもらった上で，対話を行っている。

「3.11」の後，人類の悲しみの記憶を巡るダークツーリズムが注目される中[8)]，「3.11」の被災地から学ぶ教育の取り組みは，今後，様々な形で拡大していくことが予想される。

4．新たな防災システム構築に向けて

震災後の被災地の自治体では，震災の経験を踏まえて新たな防災システムの構築を目指す取り組みが，各所で行われている。

なかでもコミュニティメディアの活用という点で注目されるのが岩手県大船渡市のケースで，第4章で紹介した大船渡市のNPO法人防災・市民メディア推進協議会では，2013年4月に立ち上げたコミュニティFM局「FMねまらいん」と相互に補完するもう一つの防災・市民メディアとして，同年7月に地域SNS「地域のきずな」のサービスを開始した。これは防災情報通信基盤整備事業で整備した市域内無線ネットワーク接続環境と連動したものである。

大船渡市では市内13箇所の中核的避難所に基地局を設置し，無線で中継する市域内無線ネットワークを構築するとともに，この中核的避難所から半径約500メートルから1キロ程の範囲で地域無線網

を構築した。これによって大規模災害で地域外とつながるインターネットが切断されても，電源さえ確保出来ればローカルなネットワークは生き残り，そこでラジオと併せて必要な情報を共有することが出来る。

災害時にこうした市域内無線ネットワークとコミュニティFMの放送に全国瞬時警報システム（J-ALERT）を始めとした情報が流れるが，それが有効に機能するにはこのネットワークに平時から多くの市民に有料で加入してもらい，維持費の確保が可能なビジネスモデルを確立することが必要で，そのために地域SNSによるコミュニケーション環境の提供が大きな意味を持つ。

そのため防災・市民メディア推進協議会では「地域のきずな」の立ち上げに際し，最初に市内の小中学校で学校と保護者間の連絡システムとしてSNSのコミュニティ機能を使うよう働きかけた。小中学生の子どもを持つ親の世代のほとんどがインターネット利用者で，災害時には地元の情報発信の中核となる人たちである。導入の決まった学校では，保護者の大半が「地域のきずな」に登録した。今後は市内の企業への導入を進めていく予定である。今日，フェイスブックやツイッターが普及する中，全国的に地域SNSは減少傾向にあるが，防災・市民メディア推進協議会では学校や企業内でのグループウエア的な役割を担うことに重点を置く形での共存を目指している。

また防災・市民メディア推進協議会はこれまで緊急雇用創出事業の交付金で人件費を賄ってきたが，今後は人件費も含め，コミュニティFM，地域SNS，市域内無線ネットワークサービス，そして防災・市民メディアに関する調査研究やコンサルティング等の受託で必要な経費を確保しなければならない。

そうした中で防災・市民メディア推進協議会が目指しているのは，気仙地域（大船渡市，陸前高田市，住田町）の地域紙の『東海新報』，住田町の公営 CATV 局である住田テレビ，陸前高田市の臨時災害放送局である「りくぜんたかたさいがいエフエム」等の地元の他のコミュニティメディアと連携して，地域の教育の拡充，雇用創出，事業者支援，コミュニティの活性化といった復興に向けた事業を展開していくことである。特に若年層の域外への流出にともなう地域の高齢化は，将来，深刻な状況をもたらすことになる。

そのため防災・市民メディア推進協議会では，復興庁の「企業連携プロジェクト支援事業」に「ICT を活用した遠隔ビジネス大学校とオフィスの開設事業」の応募をして，2013年 9 月に採択された。これは ICT を活用してビジネス教育や就労機会を地元で提供することで，高校卒業後も地元に残る若い世代を増やそうとするものである。大船渡市，教育委員会，商工会議所，そして地元の高校や企業が参加する，「スマートキャリアカレッジ検討準備協議会」を設立して検討作業を行い，事業実施に向けた準備会社を設立して，ICT を活用した授業の実証実験等を実施する。

こうした防災・市民メディア推進協議会の取り組みは，事業が軌道に乗れば地域の復興に大きく貢献し，またモデル化して他の被災地でも展開する可能性を秘めたものである。

5. 震災アーカイブの構築

① 地方紙による震災アーカイブ

東日本大震災の記録を後世に伝える取り組みとして，東日本大震災復興対策本部が2011年7月に決定した「東日本大震災からの復興の基本方針」にもとづき，総務省は国会図書館と連携して，デジタルデータで収集・保存・公開するルール作りを行うとともに，ネット上に分散した震災関連のデータを一元的に検索して活用出来るようにするため，「東日本大震災アーカイブ」基盤構築プロジェクトを立ち上げた。そこで構築されたのが「国立国会図書館東日本大震災アーカイブ（ひなぎく）」[9]で，2013年3月に公開された。

この「ひなぎく」が検索対象としているアーカイブの中には，被災地の地方紙や図書館が構築したものもあり，その中には一般の市民が記録した震災に関するデータが数多く含まれている。そうした被災地の市民による震災の記録を収集したアーカイブの取り組みとして，河北新報の震災アーカイブ[10]について紹介したい。

2012年度に行われた総務省の「デジタルアーカイブ構築・運用に関する実証調査」に参加した河北新報社の編集局デジタル編集部の八浪英明部長によると，河北新報社が一般の市民が記録した写真や映像等を含む震災アーカイブを構築しようとしたのは，震災に関する情報を収集・保存して学問的に研究・分析するため，2011年3月に「2011年東日本大震災デジタルアーカイブ」プロジェクトをスタートさせたハーバード大学エドウィン・O・ライシャワー日本研究所から，協力依頼されたことがきっかけになったという。

その際にハーバード大学から，河北新報社の記者の記事や写真だけでなく，河北新報社が運営する地域SNS「ふらっと」で市民に呼びかけて集めた写真や映像等も併せて一緒にアーカイブしたいという提案を受け，一般の市民が残した震災の記録も，世界的に大きな価値があるということに気付いた。またAPI（アプリケーション・

プログラミング・インターフェース）を公開することで簡単にネットワークをつなぐことが出来，写真にメタデータを付与することで，検索システムを通して世界中の人がアクセスして共有出来ることを確認した。

もともと河北新報社では，報道機関として1000年に一度の大災害を後世に伝えることを使命ととらえ，特に東日本大震災はデジカメや携帯情報端末等の普及により，一般の市民による膨大な写真や映像が震災時の証言と併せてSNS等にアップされた日本で最初のケースであることから，地域の新聞としてこうした地元の市民の震災の記録が散逸する前に収集，整理，保存して，システムが変わってもそうした記録が継承されていくような仕組みをつくらなければならないと考えていた。そしてハーバード大学からの提案を受けて震災アーカイブの方向性も定まり，その後，東北大学災害科学国際研究所等と連携して「デジタルアーカイブ構築・運用に関する実証調査」のプロジェクトに参加し，その事業費で震災アーカイブを構築した。写真のメタデータを「ひなぎく」に提供し，「ひなぎく」から検索出来るようにしている。

2013年３月にオープンした震災アーカイブは，４年間の運用が義務付けられるが，河北新報社では被災した当事者として次に起きる震災の被害を少しでも減らせるよう，震災アーカイブを防災・減災教育に役立ててもらうことと，地域の住民が震災アーカイブを通して地域の復興について語り合うきっかけづくりにつなげていくことを目的として，今後，半永久的に運用し，コンテンツも増やしていくという。

河北新報社の震災アーカイブでは，一般の市民が撮った写真も含めてそこに付けられたキーワードで関連する記事を探すことも出来るが，記事に関しては見出しのみ無料，本文はもともと有料のデータベースになっているため，毎月11日の月命日のみ無料で読める形にしている。そして河北新報の紙面で2013年２月から「あすへ311掲示板」のコーナーに震災アーカイブから選んだ写真を１枚選んで載せて，高齢者を中心としたネットを利用しない方にも見てもらっており，このことがきっかけでネットを利用しない方から震災アーカイブに提供するためプリントした写真が送られてくることもある。

また河北新報の紙面で2013年１月から，「わがこと 防災・減災」というシリーズで，震災の際に各地で起こった出来事を改めて振り返り，そこから次の災害に備えるための教訓になるエピソードを拾って構成した記事を連載している。これを提携しているハーバード大学で英語に翻訳する作業が行われており，この記事に関しては日本語，英語共に無料で公開されている。

震災アーカイブ構築に際して河北新報社では2012年度，写真部のOB や被災した沿岸部の地域になるべく土地勘のあるアルバイト・スタッフに依頼し，集まった写真を見て，そこに写っているもの，撮影された場所と日時等のメタデータを，Google マップのストリートビュー等を使って確認しながら，出来るだけ詳しく付与する作業を行った。河北新報社の記者が撮った一部の写真と記事については，位置情報のタグ付けを行い，Google アースや Google マップ上で表示される仕組みにした。「社内の記者が撮った写真については，撮った本人が自分でメタデータを付与するようにしているが，震災アーカイブの構築が決まる以前は，紙面に載らない写真は記者の方でも整理せずにほったらかしにしていたため，撮影場所の確認等の作業がかなり手間取った」(八浪) という。

また河北新報社では，大学間連携災害ボランティアネットワークを構築し，全国各地の大学の学生ボランティアと被災地をつなぐ中間支援組織の役割を担っている東北学院大学災害ボランティアステーションと，自社の地域SNS「ふらっと」(2014年3月より「河北新報オンラインコミュニティー」に移行）の連携による情報ボランティア活動を展開しており，その関係で災害ボランティアステーションの初代学生代表にアルバイトで依頼して，その学生が1年がかりで宮城県内を中心とした被災地で活動するNPO／NGO団体を回って，写真や映像を提供してもらう作業を行った。また震災後，全国各地から災害ボランティアに来た学生にも声をかけ，彼らが撮った被災地の写真や映像も集めた。集めた写真の中には，他の人が撮影したものを提供者が預かったケースもあり，その場合にはメタデータで撮影者と提供者を分け，また遺体等，公開出来ない内容が写っていないかチェックする作業を行った。

震災アーカイブのサイトがオープンしてからは，サイト上に写真や映像を投稿するコーナーを設け，ネット環境を利用出来る市民に，そこから規約に同意して投稿してもらうようにしており，今日もなお投稿が続いている。

こうして構築した震災アーカイブを，今後，どのように多くの人々に活用してもらうのかは，大きな課題である。

総務省のプロジェクトで構築されたアーカイブの中で，報道機関である河北新報社の震災アーカイブは，新聞社が集めた写真と記事の組み合わせで見せるもので，震災に関する研究向けというよりも，むしろ一般の市民が様々な形で利用することを想定したものになっている。

河北新報社を始めとする新聞社では，NIE という教育に新聞を活用する取り組みを推進しており，「その一環として震災アーカイブを授業の中で活用してもらうよう，多くの学校に働きかけていこうとしているが，現在，他の日常業務に追われてなかなか手がまわらない状態」（八浪）である。

そして多くの人々の意識の中で震災が風化していく中，特に現在もなお進行中の原発事故の被災地の写真や記事はともかく，津波の被災地の写真や記事については，震災から時間が経つ中，アクセス数は徐々に減少してきている。さらに津波の被災地の写真の多くが，津波でながされた後の何もない風景の写真で，見る人になかなか訴求しにくいということも指摘されよう。ちなみに新聞の紙面では，「復興の様子について時系列的に紹介するだけでなく，随時，過去を振り返る記事と震災アーカイブの写真を掲載し，震災を風化させないよう努めている」（八浪）とのことだ。

また震災アーカイブは主に震災時からその後の写真を保存したものだが，「市民の中には震災前の写真を振り返って見たいというニーズも強くあり，新聞の紙面や出版物で行っているように，震災前と震災後の写真を組み合わせて見せることを，震災アーカイブでも出来ないか検討しているものの，河北新報社が持っている古い写真の多くがデジタル化されておらず，それをデジタル化する作業から始めるコスト等考えると，簡単には実現しない状況」（八浪）である。

ただ震災前までは，河北新報社が記録した昭和三陸地震からチリ地震の津波に至る過去の震災の写真や記事をアーカイブすることについて，何度か検討されたものの費用の関係でなかなか実行されなかったが，今後はこうした過去の震災の記録のデジタル化も徐々に進められていく見通しである。

② 地域の図書館による震災アーカイブ

河北新報社の震災アーカイブには，写真や記事だけでなく，一般の市民から提供された映像も含まれるが，そこには被災者の証言を記録した映像は含まれていない。被災者の生の声を映像で記録して残す取り組みとして，宮城県東松島市の東松島市図書館による「ICT 地域の絆保存プロジェクト【東日本大震災を語り継ぐ】[11)]」がある。

東松島市図書館は，震災とその後の余震によって施設が被害を受けたため，2011年５月末まで休館となり，その間，職員は避難所で被災者をサポートする仕事を掛け持ちで担当した。そうした中で加藤孔敬副館長は，「避難所では多くの市民が被災時の体験について話題にしたが，マスメディアの報道では，被災地の中でも特に被害の大きかった地域や話題性のある地域ばかりが注目され，東松島市が取り上げられることはほとんどなく，地元の被災者の体験を記録に残すことの必要性を感じた」という。すなわち「震災に関してメディアに記録された資料を集めて保存し，市民に公開して利用してもらうだけでなく，地元の人々の記憶にある情報を資料化することも，地域の図書館の役割ではないか」と考えた。

そして2011年11月に加藤は，図書館振興財団に震災の記録を残すための助成金の申請を出すとともに，図書館で震災の体験談の募集を行った。だが多くの市民にとって震災から日の浅いこの時期，気持ちを整理して時間をかけて自らの体験を文章に書く作業は敷居が高く，期待した程には集まらなかった。また集まった体験談も，必ずしも個々の被災者の想いを充分に文章で伝え切れたものではなかった。

そのため加藤は，被災者に文章を書いて貰うのではなく，生の証言をそのまま記録しなければならないと考え，デジタルカメラの動画モードを利用して，仮設住宅で暮らしながら震災の語り部をしている人の協力を得て，その証言を収録したところ，「かなりしっかりした音声と映像を収録することが出来，映像で証言を記録することについて見通しを得た」という。

2012年４月に図書館振興財団からの助成金を獲得することが出来，市の歳入に繰り込んで６月の議会で補正予算による事業実施が決まった。そして助成金を活用して３名の臨時スタッフを雇用し，このメンバーが中心となって2012年度，東松島市の震災関連の新聞記事を整理して検索出来るようにするとともに，市民が持っている震災関連の写真，その他の資料（チラシ，町内会報，文集，学校便り等）を収集し，また協力してもらえる市民から被災時の体験談を映像で記録する作業に取り組んだ。

図書館振興財団からの助成金は2012年度のみだったので，2013年度は県の緊急雇用創出事業で臨時職員を雇用して，主に2012年度に収集した資料の整理を行い，2014年度は復興庁の復興交付金で，アーカイブが活用されるための仕組みづくりを行った。

自らの震災体験をカメラの前で語る被災者を募集するに際して，市の広報誌，サイトや地域紙等で告知するだけでなく，仮設住宅で暮らす人々のサポートをしている東松島市生活復興支援センター等

写真7－7　東松島市の震災アーカイブを構築した
東松島市図書館

に依頼して紹介して貰った。

東松島市の市街地は，津波で浸水していないエリアも地震で少なからず被害を受けており，そうしたエリアの人たちは当初，被害が少ないという理由で遠慮するケースが多かったが，震災の実態を記録に残すため市内の各エリアに住む人の体験談をまんべんなく集める必要から，事情を説明して協力を得た。「証言した被災者は，50～60代を中心に下は小学生から上は80代まで幅広い年齢層に及び，男女比は女性が若干多く，職業は多様で，同じ場所で被災しても，性別，年齢，家族構成等によって，被災状況の見え方が大きく異なることがわかった」（加藤）という。収録場所は，基本，証言する被災者の住んでいる仮設住宅を始めとする自宅に，先方の都合のよい時間に訪問して行い，希望に応じて図書館で収録し，また昼間仕事で夜間しか時間のとれない場合には，夜に訪問して収録することで，130名余りの被災者の証言を得た。

このように収録した被災者の証言の映像を，資料としてアーカイブするための編集作業を行うため，独立行政法人防災科学技術研究所を中心とした「311まるごとアーカイブス・プロジェクト」（現在，一般社団法人東日本大震災デジタルアーカイブス支援センター）の関係者が東松島市を訪れた際に，加藤の方で１日かけて撮影と編集の仕方を学び，後は試行錯誤しながら自力でやり方を覚えた。また東北大学の東日本大震災アーカイブプロジェクト「みちのく震録伝」の関係者が中心となって2013年５月に発足した宮城県東日本大震災アーカイブス連絡会議に加藤も参加し，県内でアーカイブ活動に携わる関係者との毎月の会合の中で，映像アーカイブの構築に必要なノウハウを学んだ。

こうして「ICT 地域の絆保存プロジェクト【東日本大震災を語り継ぐ】」のアーカイブは，2013年４月に部分公開がなされ，その後，NHK の番組で紹介されたこともあり，それを見た被災者の方から新たに自分も被災体験を語りたいという応募があった。けれどもアーカイブの利用者からの反応は，非常に少ない状況である。ただこの点については，「資料を収集して保存して後世に残すことが図書館の役割で，今，東松島市の震災に関する資料を必要とする人が少なくても，将来，それが地元の市民に限らず研究者を含めて必要な人に必要な時に活用されることを想定している」（加藤）とのことだ。

ただ資料を収集して保存するだけでは将来的な活用もあまり見込めないので，加藤の方ではアーカイブが活用されるための仕組みづくりにも力を入れており，そのひとつとして被災地の公共施設や商店や飲食店等に QR コードを用意し，訪れた人が携帯端末でその

QR コードを読み取ると，図書館の方で収集したその場所の写真や様々な情報にアクセス出来る仕組みを構築した。

また東松島市図書館では毎年，防災関連のイベントを企画しており，2012年度は防災科学技術研究所の協力を得て「きっず夏休み復興アーカイブ記録・編集ワークショップ」を行い，アーカイブのデータをもとに子どもたちが壁新聞を制作した。2013年度は来館した市民に協力を求め，各自が主に体感したり見聞きしたりした市内各地域での津波の高さを，シールで色分けして地図に落としてもらい，市民参加でまとめた津波の記録として「津波の高さマップ」を制作し，アーカイブの資料として保存した。2014年度はアーカイブとは直接関係ないが，子どもたちを対象に新聞紙を使って震災時に必要なスリッパ，紙コップや紙皿等の日用品を作る「防災おりがみ教室」を行い，防災教育に努めた。

公立図書館による震災アーカイブは，今後とも永続的に運営されていくことになるが，ただ時間とともに人々の震災の記憶が風化していくので，これからも毎年，こうした防災関連のイベントを企画して，アーカイブの利用促進を図っていくという。

注）

1）市村元（2012）「V　東日本大震災後27局誕生した「臨時災害放送局」の現状と課題」『関西大学経済・政治研究所研究双書　日本の地域研究とメディア』第154冊，137頁によると，MTS &プランニングがイタリアのメーカーから借りた送信機が6台あり，たまたまそれを返却する前に震災が起きたため，臨時災害放送局の開局支援に際してこの機材を提供したが，これがなければ機材が確保出来ない状況が発生した。

2）日本財団による臨時災害放送局への支援内容は，既存のコミュニティFM局が臨時災害放送局に移行した場合，開局補助金として20万円，運営補助金として月200万円×最大4カ月，新たに開局した臨時災害放送局の場合，開局補助金として50万円，運営補助金として月150万円×最大4カ月，そして情報収集に活用する車両の購入費として150万円以内の支援を行うというものである。

3）他にも阪神・淡路大震災をきっかけに誕生したミニFM局として，兵庫県西宮市で1995年7月に誕生した「FMラルース」があり，こちらは3年余りの活動を経て，コミュニティFM局「さくらFM」の開局につながった。

4）大間原発では電源開発が最初に買収しようとした炉心建設予定地付近の土地を1人だけ売却拒否した地権者がいて，建設計画の見直しと原子炉設置許可申請の変更が行われ，当初の計画よりも大幅に着工が遅れたため，東日本大震災の時は建設中で稼働しておらず，大規模災害を引き起こすことはなかった。この地権者が2006年に亡くなった故・熊谷あさ子で，その遺志を継いだ娘の小笠原厚子が，大間原発の敷地に囲まれた1ヘクタール程の土地に建てたログハウスが「あさこはうす」で，「大MAGROCK」は2010年の第3回までここを会場に「PEACELAND」主催で行われた。2011年の第4回からは，志を共有する個人や団体と共同で「大MAGROCK」を運営しており，また2012年の第5回から会場を大間原発に隣接する一坪地主の共有地に移して開催している。

5）筆者が顧問を務める武蔵大学の「学生による被災地支援のための市民メディアプロジェクト」では，ロフトプロジェクトの協力を得て，2013年から都内にあるロフト系列の3軒のトークライブハウスを利用して，学生たちが被災地取材を通して直面した様々な問題について，専門家をゲストに招いて学生とトークする「ポスト3.11の日本社会での若者の生き方を考えるトークイベント」を不定期に開催している。

6）熱海市では2013年から陸前高田市の復興支援を目的とした音楽・防災イベント「TAKATA-FESTA in 熱海」を開催しており，そこでは毎年，音楽ライブと併せて防災に関するトークライブを，陸前高田市から市長を始め多様なゲストを招いて開催している。このイベントが熱海市で始まったきっかけは，たまたま「土曜会」という首都圏の数百名程の異業種の社会人がメンバーの勉強会に，熱海市長の齊藤栄と陸前高田市出身者が参加していた縁で，震災後，陸前高田市の復興支援に向けて，「土曜会」事務局の佐竹直子が関係者に働きかけ，陸前高田市と熱海市を結んで行われるようになった。佐竹のような人的ネットワークを持った存在が，市民プロデューサー的な役割を担って動くことで実現したものである。

7）NPO 法人としての認証は2010年４月である。

8）東日本大震災の後に日本でダークツーリズムが広く知られるようになったのは，2012年に発足した東浩紀主宰の福島第一原発観光地化計画研究会に観光学者でダークツーリズム研究に関わっていた井出明が参加し，その後に出版された東浩紀編（2013）『チェルノブイリ・ダークツーリズム・ガイド』ゲンロン，東浩紀編（2013）『福島第一原発観光地化計画』ゲンロン等で，ダークツーリズムの視点から原発事故の被災地への関わり方について語られたことによる。

9）http://kn.ndl.go.jp/

10）http://kahoku-archive.shinrokuden.irides.tohoku.ac.jp/kahokuweb/

11）http://www.lib-city-hm.jp/lib/2012ICT/shinsai2012.html

あとがき

「3.11」の当日，筆者は北米東部時間の午前0時46分にカナダのトロントに滞在しており，日本で震災を経験しなかった。その後，福島原発事故を中心としたニュースについて，現地のテレビを始めとした海外メディアの報道内容と，ネットを通して伝わってくる日本での報道内容をチェックし，その落差を感じながら知り得た情報を要約して日本の学生にメールで伝え，首都圏からの避難も含めて各自がベストと思われる選択をするよう書き送った。CNN の原発関連のニュースでは，日本政府による記者会見の映像等をほとんど目にすることがなく，ひたすら専門家による現状分析が伝えられ，また「ピアース・モーガン・トゥナイト」という番組に出演したオノ・ヨーコが，復興に向けて熱いメッセージを語ったのが記憶に残っている。

日本に帰国した4月初め，所属する武蔵大学を拠点に「3.11」によってもたらされた様々な問題にどのように関わることが出来るのか考える中，震災後に被災地で多くの臨時災害放送局が立ち上がり，被災者に対して復旧関連や避難所での生活に必要な情報を提供する放送を開始したというニュースが届いた。そしてそれと同時にこれまで地元にコミュニティFM 局がなく，県域局の放送も中継局が充分に整備されていないため聴くことが出来ないという被災地も多く，日頃，ラジオを聴く習慣がないため，FM ラジオの受信機を持っていない世帯がかなりの数になるという情報も伝わってきた。

そのため学生有志に声かけして，東京にいて可能な被災地支援として，現地で不足している携帯型のラジオを学内で集め，電池，イヤホンを別途購入し，被災地の臨時災害放送局に送って必要とする人たちに役立てて貰う活動を開始した。

この活動は４月前半で終了し，その後にスタートしたのが，社会学部メディア社会学科の私の研究室の学生有志を中心とした「学生による被災地支援のための市民メディアプロジェクト」である。このプロジェクトは当初，被災地に災害ボランティア活動に出かける学生が，それと並行して大学で学んだ社会調査（フィールドワーク）とメディア表現（主に映像制作）のスキルを活かして現地で取材活動を行い，そこで取材した被災地で復興に取り組む様々な人のメッセージを，学内外での報告会やコミュニティメディアを活用して社会に伝えていく市民メディア活動としてスタートした。その後，被災地の災害ボランティアセンターによる災害ボランティアの募集が終了してからも，市民メディア活動として継続し，私自身も震災から４年半余りの期間で，延べ40回以上，学生の取材に同行して被災地を訪れた。

被災地ではこの本で紹介した多くのコミュニティメディアを訪問したが，特に印象的だったのが，主に津波によりネットやCATVの伝送路が大きな被害を受けた地域で，旧来型のアナログのコミュニティメディアである紙媒体やラジオ放送が，被災者に情報を伝える上で大きな役割を担った点である。そうしたコミュニティメディアの担い手の多くが，それまでメディアによる情報発信活動とほとんど縁のなかった一般の市民であり，彼らは被災地の外からの様々な支援も得て，震災から比較的短い期間で臨時災害放送局の開局やミニコミの発行等を実現した。

一方，被災地の外では「3.11」の後，ネットのコミュニティに依拠した多くの市民による被災地支援，及び福島原発事故への国の対応や原子力政策に対する異議申し立てに関する情報発信が活発に行われた。「3.11」をきっかけに，多くの市民がボランティアに目覚めるだけでなく，市民メディアを通した社会への働きかけにも目覚める状況が生まれたのである。

こうした「3.11」後のコミュニティメディアの盛り上がりは，決して一過性のものではなく，「3.11」から4年半経った今，被災地では「3.11」後に新たに誕生したコミュニティメディアの中から，今後も地域コミュニティの復興や防災に向けて活動を継続して展開していこうとするところは数多くある。また「3.11」において多くの市民が震災ボランティア活動に参加した背景には，ソーシャルメディアによる情報の共有と動員があったが，その後も脱原発デモやネット選挙解禁等において，ソーシャルメディアによる市民の情報発信に一定の役割を担うようになった。

このような「3.11」後のコミュニティメディアの新たな展開について可能な限り記録に残したいと思い，「学生による被災地支援のための市民メディアプロジェクト」の学生たちと主に被災地で多くのコミュニティメディアを訪問し，学生がそこでインタビュー映像を収録する傍らで，私自身も雑誌の記事で紹介する取り組みをスタートさせた。この本で紹介したコミュニティメディアの大半は，NPO法人マスコミ市民フォーラム発行の『マスコミ市民』誌の「市民メディア訪問」の連載で紹介したものである。

今回，震災から5年目の節目でそれを1冊の本にまとめるのに際し，辛抱強く本書の原稿を待って編集していただいた学文社の田中千津子社長には，心から感謝したい。

なお本書は，2015年度武蔵大学研究出版助成を受けて出版されました。

2015年12月10日

著　　者

索　引

さ行

た行

な行

は行

欧文索引

著者紹介

松本　恭幸（まつもと　やすゆき）

早稲田大学大学院経済学研究科修士課程修了
現在，武蔵大学社会学部教授
主な著書『メディアプロデュースの世界』（共編著，北樹出版，2013年），『市民メディアの挑戦』（リベルタ出版，2009年），『多様化するメディア環境と人権』（共著，御茶の水書房，2006年），『メディア社会学レポート』（共著，海象社，2003年）

コミュニティメディアの新展開
——東日本大震災で果たした役割をめぐって

2016年１月30日　第一版第一刷発行

著　者　松　本　恭　幸
発行所　株式会社　学　文　社
発行者　田　中　千　津　子

〒153-0064　東京都目黒区下目黒３-６-１
電話（03）3715-1501（代表）　振替 00130-9-98842
http://www.gakubunsha.com

落丁，乱丁本は，本社にてお取り替えします。
定価は，売上カード，カバーに表示してあります。
印刷／東光整版印刷㈱
〈検印省略〉
ISBN 978-4-7620-2585-3